真実のルイ14世

Louis XIV

神話から歴史へ

イヴ=マリー・ベルセ
Yves-Marie Bercé
著

阿河雄二郎・嶋中博章・滝澤聡子
訳

昭和堂

Louis XIV
by Yves-Marie Bercé

Copyright © 2005 by LE CAVALIER BLEU
Japanese translation rights arranged with Chantal Galtier Roussel Agent Litteraire
through Japan UNI Agency, Inc., Tokyo.

日本の読者の皆さんへ

毎年、ヴェルサイユ宮殿に大挙してやってきては感嘆の声をあげる多くの観光客のなかで、日本の旅行者はもっとも数が多い方でしょう。おそらくこのモニュメントは、日本の方々により直接的に語りかけているのです。日本の過去の風景は、帝王もしくは領主たちの宮殿や城郭の大きなシルエットによって支配されていて、天皇や、もっと後の時代には将軍の大きな権力が、この国の政治的な秩序のなかで圧倒的な重みをもっていました。したがって、ある特別な君主にとって居館の役目を果たし、数百年が経ってもその栄光を表し続けている驚異的な宮殿というテーマは、日本の文化に馴染みがないわけではありません。

そうは言っても、日本の長い歴史のなかで、ルイ一四世がなしえたほどに長期間にわたって、かつ広範な地域を支配した君主はいません。このフランスの王は、幸運なことに、長寿と権勢という点において、人類の年代記が知っている他のどんな君主をも凌駕したのです。彼の残したモニュメントや記憶は伝説に変わり、もとの歴史的な事実とはしばしばかけ離れた夢のようなイメージへと変貌をとげました。観光客は、無邪気な喜びから、多かれ少なかれ幻想的なこれらの逸話に魅了され、伝説に我を忘れることもあります。

しかしながら、もう少し批判的で正確さに気を配り、もう少し歴史学的な約束事に通じている人びとが、真実と神話を区別し、通俗的なツーリズムによって強いられた偽装の下に隠されている過去の諸現実を見分けようとする時、この小さな書物は、彼らにとって有益なものとなるでしょう。説明の紙数も言葉も限られていますが、本書で明らかにされた諸事実の厳密さと判断の慎重さは、好奇心の強い人にとって、知的な歴史の愛好家にとって、偉大な王と、彼のすばらしい宮殿のより確かな肖像の復元を可能にするでしょう。

イヴ＝マリー・ベルセ

ルイ一四世

ルイ一三世とアンヌ・ドートリッシュの息子。一六三八年九月五日、サン＝ジェルマンの城で生まれる。一七一五年九月一日、ヴェルサイユで死去。一六四三年五月に王位に就き、その統治期間はフランス史のなかで、またおそらくは世界史のなかでもっとも長い。

一六六一年三月、それまで怠惰で軽薄と思われていたこの若き君主は、わずか二二歳で、ヨーロッパ随一の強さを誇る王国の統治という重い役目を引き受ける決心をし、皆を驚かせた。その日以来、彼はこのうえない喜びと鉄の意志をもって君主権を行使した。政治面での決断では手厳しく恐ろしい彼も、近づいてくる人びとに対しては礼儀正しく愛想がよい。同世代の人びとは、彼の野心を肯定し、力の表明を喝采し、文芸に対する保護と気前のよさを称賛した。いくつもの戦争によって増大する困難、飢饉の発生、プロテスタントに対する迫害、こういったものが治世の末期に翳りを与えていたが、この偉大な王への集団的な追従に敢えて異を唱える悲観的な人はほとんどなかった。

一六六二年以来、ルイ一四世は太陽の意匠を自分のものとする。メダル〔図1を参照〕に現れる彼の顔は、地球のうえで眩い光を放っている。添えられた銘句《Nec pluribus impar》という言葉を文字どおり訳せば、「（それだけで）多くのことに十分」、あるいはより単純に「彼にはすべてが可能」となろう。単一性、支配力、生命の源、穏やかさ、永続性、こうした太陽の性質が自分のものであることを王は主張したのだった。彼は太陽王と呼ばれることを意図的に望み、後世の人びとも彼の尋常ならざる挑発を認めて、この名前を彼に与えたのである。

図 1　ルイ 14 世のメダル（銘文付き）
（パリ国立図書館）

真実のルイ14世

神話から歴史へ

目次

日本の読者の皆さんへ i
ルイ一四世 iii

序論 1

❖ ルイ一四世治世の光と陰 1
❖ 膨れあがる史料 3
❖ 神話化されるルイ一四世 4
❖ 既成概念の見直し 6

第1部 ルイ14世その人物像 7

I 「宮廷は滑稽極まりないところだった」 9

❖ 移動する宮廷 9
❖ 宮廷のヴェルサイユ定着 11
❖ 宮廷のしきたり 12
❖ サン゠シモン公爵の『回想録』 15
▼コラム▲ 宮廷の観察者たち 18

II 「ルイ一四世には多くの愛人がいた」 22

❖ 王と愛妾 23
❖ ルイ一四世の恋人たち 24
❖ モンテスパン夫人の失寵 28

▼コラム▲ 人民、愛、君主政 31
▼コラム▲ ルイ一四世が愛した女性たち 33

III

「ルイ一四世はモリエールをまったく理解しなかった」 37
⚜モリエールの立身 37
⚜コメディ・バレエの成功 40
⚜カリカチュア化される人間群像 41
▼コラム▲ 芸術愛好家ルイ一四世 44
▼コラム▲ そして、モリエールはきちんとルイ一四世にそのお返しをする…… 46

IV

「年老いたルイ一四世はマントノン夫人の言いなりだった」 47
⚜ルイ一四世の「再婚」 47
⚜マントノン夫人の半生 49
⚜マントノン夫人の功罪 51
▼コラム▲ ヴェルサイユの悪魔？——王弟妃プファルツ公女が見たマントノン夫人 54

V

「ルイ一四世は身体を洗ったことがなかった」 58
⚜「文明化」の進展 58
⚜給水問題と入浴 59
⚜ルイ一四世の身繕い 61
▼コラム▲ ジャン＝バティスト・ド・ラ・サル『礼儀作法の規範』（一七〇三年） 64

VI
「ルイ一四世には、鉄仮面で顔を隠した双子の兄弟がいた」 65
⚜鉄仮面現る 65
⚜鉄仮面は誰か 67
⚜プティフィスの新説 70
▼コラム▲ 監獄、裁判、集団的想像力 72
▼コラム▲ ヴォルテールが伝える鉄仮面伝説 74

第2部 ルイ14世時代の諸事件 77

VII
「ルイ一四世は最初の絶対君主だった」 79
⚜「絶対王政」とは何か 79
⚜制限される王権 80
⚜諮問機関としての身分制議会 82
⚜ルイ一四世の政治改革 85
▼コラム▲ 手足と胃袋 88

VIII
「フーケの処罰は不公平極まりないものだった」 91
⚜財政長官ニコラ・フーケ 91
⚜フーケの逮捕 93
⚜フーケ裁判 95

- ❖ 王の陰謀 97
- ▼コラム▲ セヴィニェ夫人が伝えるフーケ裁判 100

IX 「ルイ一四世はナントの勅令を廃止すべきではなかった」 103

- ❖ 宗教戦争の終結 103
- ❖ ルイ一四世の意図 107
- ❖ 勅令廃止の余波 109
- ❖ その後のプロテスタント 110
- ▼コラム▲ 長靴を履いた宣教師（竜騎兵による迫害） 113

X 「ルイ一四世は戦争を愛しすぎた」 115

- ❖ 戦争好きな王 115
- ❖ ヨーロッパ諸国の反発 118
- ❖ 太陽王の黄昏 122
- ▼コラム▲ ピエール・ラルースのルイ一四世評 124

第3部 ルイ14世の遺産 127

XI 「太陽王の栄光の陰には、農民の悲惨さがある」 129

- ❖ 飢饉に喘ぐ民衆 129
- ❖ 危機への対応 132

⚜危機の実相 134
▼コラム▲ ラ・ブリュイエールがみた農民 137

XII
「ルイ一四世はフランスにその自然国境を与えた」 138
⚜自然国境という幻想 138
⚜ルイ一四世の征服活動 139
⚜征服地の統治 142
⚜ヴォーバンの要塞線 144
⚜外交交渉による領土の獲得 147
▼コラム▲ ラヴィスからみて、ルイ一四世がしなければならなかったこと（一九一一年） 149

XIII
「ルイ一四世はフランス革命の先駆者である」 153
⚜傲慢な王 153
⚜ルイ一四世の中央集権化策 155
⚜社団の再編 156
⚜国家権力の肥大化 159
▼コラム▲ トクヴィルによるアンシアン・レジーム論 161

XIV
「ヴェルサイユの建設工事が国を滅ぼした」 163
⚜ヴェルサイユの造営費 163
⚜ヴェルサイユ宮殿の建設工事 165
⚜ルイ一四世以後のヴェルサイユ 169

結論 176

付録

✣ 年譜 179
✣ もっと詳しく知るために 181
✣ ルイ一四世関連邦語文献 185
✣ 地図：アンシアン・レジーム末期のフランス 195
✣ ヨーロッパ王室関係図 200
✣ ブルボン家系図 201
✣ 訳者あとがき 202
✣ 人名索引 204 iii

目次扉図版：「アポロンに扮して踊るルイ14世」（パリ国立図書館）

凡例

一　原著のタイトルは『ルイ一四世（*Louis XIV*）』であるが、本書では、内容を勘案して『真実のルイ一四世――神話から歴史へ』とした。

一　本文中の〔　〕は訳者による注記である。

一　読みやすさを考えて、それぞれの章を三–五節に分け、各節の最初に「見出し」をつけた。

一　原著には章末にコラム欄があるが、それがない箇所（四、八、九、一三章）には、著者の許可のもと、訳者の判断によって適切な史料を補った。詳しくは「訳者あとがき」を参照。

一　原著には図版の類がないので、本文中に多くの図版を挿入したほか、「付録」にルイ一四世関連邦語文献、地図、系図、人名索引を追加した。

序論

⚜ルイ一四世治世の光と陰

ルイ一四世のイメージは、単にフランスの過去に属しているだけではない。彼の記憶は全世界で思い起こされている。ルイ一四世の治世は、彼がまだ五歳にすぎなかった一六四三年五月に始まり、一七一五年九月の死とともに幕を閉じたが、フランスの歴史のなかではもっとも長い。一六六一年三月から最後の息をひきとるまでの五四年間にわたって、彼はその当時のヨーロッパでもっとも人口が多く、もっとも豊かな国のたしかに頂点にいた。このような状況に置かれると、人は、たとえ平凡な人物であっても、それなりに歴史の年代記にその痕跡を残さないわけにはいかないものである。もちろんルイ一四世は、傑出した資質を与えられており、領土が与えてくれた自分の権力や手段を自覚していたし、明晰な精神と毅然とした性格も備わっていた。

したがって、たとえルイ一四世に対する批判的な、もしくは好意的な先入観があるにしても、歴史家たちは、その後に続く数百年の歴史のなかに、この人物が占める位置を説明する義務を負っているのである。彼がもっていた大きな権限や、諸事件のなかで果たした責任の重さのゆえに、他の人であれば取り上げる意味があまりない人格的な面であっても、ルイ一四世の場合には関心を寄せることが正当化される。その時代の豊富な史料がルイ一四世に関する研究や伝記を可能にしているが、それらは数も多く、何度も繰り返されていて、もっとも仔細な彼の行動や立居振舞にいたるまで抉りだしている。

その当時、フランスはヨーロッパ大陸を支配していた。その政治的な威信、その軍事的な力、その芸術家（ル・ノートル、シャルル・ル・ブラン、イアサント・リゴー、ピエール・ミニャール、アントワーヌ・コワズヴォ、クストゥ兄弟など）、その文人（ラシーヌ、モリエール、ボワローなど）、その流行、その言語は、国境を超えて幅をきかせていた。この栄光の時代において、フランスの運命と同一視され、彼自身、後世の人びとに向けて自分の思い出の記を作成するのに熱心であったルイ一四世という人物は、国民的な自尊心を測る重要な目印となったのである。

彼の治世は、フランスの愛国主義的な歴史のなかではひとつの焦点である。そこから、ルイ一四世を礼賛する歴史叙述の流れが出てくる。その歴史は、彼の征服事業を肯定する側に立ち、当時の人びとの大げさな賛辞やご都合主義的なお世辞を受け入れ、宮廷の著述家たちから借りた口調をそのまま真似て再現さえしている。それに対して、メダルの裏側もまた存在する。彼の名声に対しては、当然のことながら、治世末期の戦争の不幸や重大な軍事的失敗が記憶にとどめられたし、プロテスタント迫害のスキャンダラスな思い出も保持された。ある暗黒伝説は、彼の統治を治世晩年の全国的に大きな飢饉と、それがもたらす悲惨や大量死という恐ろしい発作に結びつけている。そうした出来事を、若き王の輝かしい時代やヴェルサイユ宮殿の豪華絢爛さと安直に、度を超して対比させた論争的な歴史叙述も生まれたが、それは、かつて雇われた文人たちが創作したルイ一四世の弁護論と同じくらい空虚なものであった。

膨れあがる史料

この一七世紀の末において、国家の構造化という近世の大きなユートピアは、後戻りができないほどにはずみがついていた。もっとも古くからの統治の機能である司法・財政・軍事・外交は、それぞれが常設の文書局、それらの書記官職、記録文書を獲得していた。そこから、雄弁でよく整理された行政文書の増加があり、その後それらは研究に役立てられている。またこの時代は、書くことが重要な才能となり、もっともすばらしい才気の持主が、晩年になった時、以前には通用しなかった大胆さと厚かましさでもって、自分の人生を語り始めるという時期でもあった。同じように、政治的な論争の書物がヨーロッパ中に広がっていくのが見られた。

こうした文書の氾濫は、本物か偽物かはともかく、文書局にある秘密文書の発見にますます飢えるようになっていた世論の好奇心に応えるものだった。これほどに印刷本や回想録が出されたことは、かつてなかった。そこで、ルイ一四世の時代が過ぎた後、歴史家たちはたくさんの書かれた史料を発見し、一九世紀以降は、絶えず出版され再版される回想録作者の物語を読むのを何よりの楽しみとすることができた。もっとも、すべての時代が、同じような気前よさでその史料を提供しているわけではない。一七世紀末は歴史叙述の進展のなかでも特別な時期である。これら多くの史料は、後世の人びととの関心事に注意を怠らないルイ一四世の個人的な意図を反映するとともに、ルイ一四世が自己の栄光の証人たちに及ぼしていた幻惑をも示している。

神話化されるルイ一四世

史料や史料批判に関心を寄せる学術的な歴史研究以外にも、ルイ一四世について多くの歴史叙述が存在している。それらは、その折々の傾向をもった世代ごとの教育によって粗筋が組み立てられ、変形されたものであるが、もっと単純に言えば、個人の自発的な先入観に基づいて、絶えず再発見されてきたものである。実際のところ、私たちは誰でも、教科書の断片や旅行の思い出をもとに、フランス史の個人的な解釈をもう一度作成してみたいという誘惑に駆られる。

ルイ一四世は、長い治世と、彼が取り巻かれることを望んだ栄光や伝説のせいで、既成概念や疑わしい逸話の集大成という点で、他に類例をみない犠牲者となることは避けられなかった。よく知られているように、奇異にみえる習慣や偏った言語の用法は、やがて時代遅れの立居振舞や観念であるとの批判を招くものである。したがって、旧制度の時代の煩雑で技巧的な宮廷生活は、一九世紀においては、理解できないものとか、軽蔑されるものと見なされた。取り上げられることといえば、王への滑稽きわまりないお追従や、進歩的な考え方をもつ生真面目な市民によってスキャンダルと見なされる王の悪い評判や愛人関係ばかりだった。

その一方、歴史家たちは、過ぎ去った時代の君主たちの過ちを糾弾し、それらの亡霊に向かって、開明的な知識人である自分たちなら、その代わりにどのようにしたかを説明するのに情け容赦がなかった。そこで、ルイ一四世には多くの愛人がいたとか、後にマントノン侯爵夫人に夢中になるべきではなかった、と述べるのが彼らには望ましかったのである。同様に、ヴェルサイユ宮殿の建設がコルベールの賢明な貯えを蕩尽させてしまったことにされた。コルベールは、一九世紀の共和主義政治家の先駆者へと昇格した。ルイ一四世はけっしてフーケを処罰すべきではなかったし、ましてやプロテスタントを弾圧すべきではなかった。最後に、彼は王国をそれほどに多くの戦争に巻き込んではならず、ヴォーバンやフェヌロンのいうことに耳を傾けるべきだったのである。

過ちを正すのに敏であるこのようなフランス史の叙述は、それでもルイ一四世にいくつかの征服の功績を認めてはいた。ただし一九〇〇年頃、エルネスト・ラヴィス〔共和派の著名な歴史家〕は、ルイ一四世がベルギーを併合しなかったことを非難した。今日では、ルイ一四世についての国民的な伝説はもっと寛大になり、もはやヴェルサイユ宮殿の豪華絢爛さを拒絶することはなく、フランスの風景にあるすべての要塞をヴォーバンがつくったものと見なしたがっている。

既成概念の見直し

本書は、太陽王ルイ一四世にまつわる既成概念をいくつか集めてみたものである。ここでは、幻想に捉われないで、そうした既成概念を理解し、それらにニュアンスをもたせたり、反論することを目的としている。なぜなら、既成概念は強固で、日ごとに再生しているからである。結局のところ、ルイ一四世という人物は、単なる歴史の物語には収まりきらない。彼はフランス史の年代記の現実にはもはや属していないのである。時間の経過とともに、彼は神話的な人物となり、全能で、光輝に満ち、彼自身の栄光によってまわりが見えなくなった王の雛形となっている。こうした変身のもとで、彼はフランスの出来事から抜け出して、フランスの歴史とは異なるある種の天上界に到達している。ヴェルサイユ宮殿に日替わりでやってくる観光客が理解しようと思っているのは、この寓話的な理念像である。日本やアメリカからやってきた観光客の大群は、時間を超越したこの人物像を発見しようとして、ヴェルサイユ宮殿の開館日にいつも鏡の間で行列をなし、王の居室の床石や扉をすり減らして、眼差しをこの世で唯ひとつの城館への驚異で一杯にしているのだ。

第1部

ルイ14世その人物像

「鷹狩りをする幼少のルイ 14 世」

H. Carré, *Jeux, sports et divertissements des rois de France*, Paris, 1937, p. 4.

I

「宮廷は滑稽極まりないところだった」

ルイ一四世の発言は、たとえそれがじつにくだらないものであっても、ご神託である。ひとたび彼が口を開けば、彼を取り巻くすべての宮廷人が頭を低くし、できるかぎり近くまでにじり寄ってお言葉を拝聴する。王の目に止まることにかける宮廷人たちの情熱には想像を絶するものがある。

プリミ・ヴィスコンティ『ルイ一四世の宮廷についての回想録』一六七三―一六八一年

移動する宮廷

旧制度下の宮廷とその宮廷人たちの立居振舞は、嫉妬や悪意のこもったイメージの犠牲となっているが、そうしたイメージが、宮廷に追従、偽善、陰謀、途方もない浪費といった紋切型の行動様式を付与している。実際には、君主の傍らに形成される宮廷は、政治や経済の活力の必要性に対応したものだった。いつの時代においても、君主は二種類の必要不可欠な人員に囲まれていなくてはならない。すなわち、王家の毎日の世話をする奉公人たちと、もちろん政府の高官たちである。彼らはその職務上、王のどのような移動にも付き従わねばならない。

一六世紀において、フランスの宮廷はいまだ定住地をもたず、よい季節の時にはイル＝ド＝フランス地方やロワール河沿いにある城館を転々としていた。その旅行は経済的な面から強いられてもいた。この一団を維持する多大な出費は、居住したそれぞれの城館の収入で賄われた。その場所が選ばれたのは、王国の中心に位置していたからと、直接的に王の直轄地だったからである。パリにある古いルーヴル宮の建物での王の滞在は、冬の何ヵ月かと、たまたま起こる政治の緊急時などに限られていた。ルーヴル宮を西方に引き延ばしたテュイルリー宮の建設は、アンリ四世時代に完成され、パリでの滞在をより快適に、より持続的なものとしたが、それでも代々の王は、居館を転々とする習慣を改めなかった。節約と季節を楽しむという理由からである。

ルイ一四世も若い頃はこのしきたりに従い、もっとも頻繁に滞在したのはフォンテーヌブローとサン＝ジェルマンであった。一六六一年の秋以降、王はヴェルサイユの建設工事を試みたが、それはますます大がかりなものとなった。ただし宮廷がそこに最終的に落ち着くのは一六八二年五月である。その日付を境に王はそこに居を定め、自分の新しい宮殿を離れるのは、マルリーやフォンテーヌブローへの短期の遊覧旅行の時だけだった。

図2　フォンテーヌブロー宮に入る王妃マリー＝テレーズ

出典：H. Carré, *op.cit.*, p. 139.

宮廷のヴェルサイユ定着

権力を取り巻く人びとと、奉公人、芸術家、職人、そして商人たちまでもからなるおびただしい奉仕の労働人口はゆうに一万人を超えていた。一都市に相当する規模だったのである。一七世紀の末、ルイ一四世がヴェルサイユに居を定めると、裕福な宮廷人のほとんどが宮殿の東南部につくられた新しい都市に居館をもつようになった。だが、幾人かの高官や多くの奉公人は、ヴェルサイユの宮殿そのものに寝泊りしていた。宮殿は三〇〇〇人近くの住人を収容できたと推定されている。宮廷は社会の輝かしい縮図であり、そこでは工事の人夫から大臣や王族にいたるまで、あらゆる職責につく人びとが見られた。宮殿への出入りは――今日の先入観からすれば異様に思われるかもしれないが――完全に自由であった。その結果、物見高い人や、地方や外国からの旅行者、陳情者、商人たちが大挙して押し寄せ、通常の宮廷人の群れに加わった。また、この集団には近衛府の精鋭部隊も含まれていた。この小世界の警備は、この部隊のひとつである王宮警備隊によって確保された。

重責につく権力者と富裕な人びとの集中は、政治の実践とあらゆる種類の事業の推進を容易にした。キャリアづくり、官職の任命、係争はヴェルサイユでその決定や解決策を見出していたのである。責任ある地位の人、功績のある人、野心のある人、あらゆる種類の地方や社団の利益を代表する人は、そこにやってくる必要があり、是が非でもそこでのしきたりを学ぶ必要があった。同じように、宮廷の好みが流行を生みだし、消費に拍車をかけた。最後に、芸術家、文筆家、奢侈品を扱う職人たちが、文芸保護者と顧客をヴェルサイユに求めていた。

⚜宮廷のしきたり

君主の時間の使い方や政治の仕事は、宮廷の規則、奉仕の順序、明確な役割配分、個別的な職務を生じさせた。その執行を容易にするため、また、人びとの間のいさかいを回避するため、階層秩序、役割の分担、所作や儀式のしきたりが確立された。このような規則は、まとめてエチケットと呼ばれた。このエチケットは、一五七〇年代に、その当時ヨーロッパ中の宮廷に影響を及ぼしていた地中海風社交の規範に倣って、アンリ三世によって課されたものである。エチケットの実践は、王と臣民との間に新たな格差をつくりだした。それは、本義においても転義においても、

図3　ルイ14世と王族たち

右端にルイ14世。着座しているのは、左から順に、王太子、王妃マリー＝テレーズ、王弟妃アンリエット・ダングルテール、王弟妃の母（ルイ14世の叔母）、叔父オルレアン公爵ガストンの娘モンパンシエ女公爵

障壁《バリエール》をつくりあげたのである。つまり、何列もの手すりが、食卓についたり、何らかの接見をおこなっている君主を、宮廷人の群れから守った。アンリ四世とルイ一三世は無頓着と気さくさから、あるいは無関心と内気さからエチケットを重要視しなかった。

それに反して、ルイ一四世は一六六〇年代以降、自ら進んでこのシステムに傾倒し始めた。彼は、新しい規則を考えだすこと、礼儀作法を複雑にすること、人びとをその職務や役割、その場にふさわしい立居振舞でがんじがらめにすることを好んだ。彼はそこに政権を揺るぎないものとする利点を見てとり、儀式、取り決め、習慣を自分の取り巻きに課した。たしかに、王はそこに審美的な悦楽をも見出していた。一日のうちのどの瞬間も君主の威光の途切れることのない称賛の性格を帯びていて、バレエのひとつの動作、あるいは舞台の一場面を連想させるものがある。

彼が宮廷人の間の些細なもめごとをまるく収めるのを好んだことも知られている。こうしたもめごとは、儀礼の細々とした点や、宮廷人の自尊心をめぐって生じるのが常であった。王自身も儀礼の詳細な取り決めに注意を怠らなかった。たとえば、近衛連隊の行進の順序、王の礼拝堂での儀式における各人の席次、しかるべき責任者の国務会議への出席、しかるべき高官の行幸への随伴、祝祭や狩猟で王が名誉を与えたいと思っている人物の招待などである。

このようなルイ一四世の方針は、その時代の精神とみごとに一致するものであったといっておく必要がある。一九世紀の歴史家たちは――ましてや私たち現代人は――宮廷のエチケットの意味だけでなく、もっと一般的に、社会関係を効果的に機能させていた席次や贅を尽くした規則の膨大な体系をもはや理解しなくなった。席次の利点のひとつは、社会の秩序をシンプルで目に見えるものにしたことである。その時、誰が上席を占めるのか、誰が行列の先頭を歩くのか、誰が立ったままで、誰が座ったままなのか、誰が着帽したままで、誰が帽子を脱ぐのか、誰が帯剣し、あるいは指揮棒を手にするのか、誰が会議で最初に発言するのか、皆にはすぐにわかった。

こうした規則の尊重は、単なる礼節の問題などではなく、先例をつくり、それが権利となるに及んで、重要な結果をもたらしえたのである。したがって、自分自身の名誉のためだけではなく、自分が属する身分、社団、親族の特権のためにも、そこに細心の注意を払う必要があった。彼らの時代が生みだしたこのようなしきたりは、今では理解不可能となっている。小説作品などに出てくる模造品は、このモデルを笑いものにしようとするカリカチュアであるにすぎない。

サン＝シモン公爵の『回想録』

ヴェルサイユの儀式や、「偉大な時代」の複雑で欲求不満を引き起こしかねない礼儀作法の記憶は、良くも悪くもサン＝シモン公爵（一六七五―一七五五年）の記述によって伝えられ、むしろ変形させられた。ルイ一四世の宮廷の礼儀作法について、後世の人びとが堅苦しくて、しばしば醜悪なイメージを抱くのは、この饒舌で意地の悪い彼の年代記と、彼の手になるおびただしい数の辛辣な人物描写によっている。

図４　サン＝シモン公爵

　ところで、この証言は少しも信頼に足るものではない。この回想録作者は、若かりし頃、ルイ一四世の晩年の宮廷生活を経験した。三〇年の後、人生の終焉を迎える際になって、彼は、輝かしくも、いらだたしく、欲求不満にみちた思い出と、習俗や観念の変化の印を見てとった省察からなる作品をつくりあげた。当初、彼は自分の回想録を出版する意思はなかった。そんなことをすれば、おそらくまだ生きていた人びとにショックを与えたであろう。彼の作品が出版されたのはようやく一八二九年のことで、しかも非常に部分的な形であった。すぐさまそれは、君主政を批判する人びとにとっても、過去の幻想を懐かしむ人びとにとっても、このうえなく楽しませてくれる書物となった。

サン＝シモン公爵のカリカチュアが成功を収めたのは、ほとばしるような逸話、省略用法、皮肉、絵画的描写のおかげである。その結果、ルイ一四世の宮廷を描く時には、二流の雑文家はもとより、遺憾なことには、とても優れた歴史家たちまでもが、サン＝シモン公爵の書物を引き合いに出し続けることとなった。つまり、歴史家たちは、そのような宮廷の出来事、言葉づかい、所作を信頼に足るものとして流布させたのである。それらは、文字どおりに受けとめると、かなり正確ではあるのだが、本来の文脈からは逸脱している。たとえば、サン＝シモン公爵は、エチケットの分刻みの正確さを理由に、宮廷生活の一日の時刻を見れば、その時に王が何をしているかを正確に予測できると書き記した。それをもとに、歴史家たちは、反復的で、現実の政治にまったく無関心な機械に準えられる王のイメージを取りだした。けれども、このイメージが承認されるのは、王がこの機械の使い手であり、王がそこから戦術的な利点を引きだしており、王の外見上の泰然自若ぶりが王に諸事件への対応の準備を可能にしている、といったことを忘れないでいる時だけに限られる。

いずれにしても、ヴェルサイユのエチケットは、ルイ一四世個人の好みと意志を反映していた。

後世の人びとは誤って、このエチケットを近世の君主政のすべての時代に拡大している。エチケットが完成され、その劣化が進むなかで、ヴェルサイユのエチケットは実際には約三〇年間しか続かなかった。一七一五年以前でさえ、「宮廷」から「都市」への回帰現象がくっきりと姿を現していた。宮廷人の邸宅、流行、華美は、進んでパリへと戻っていったのである。

▼宮廷の観察者たち▲

(一) マリー・デュボワ（男性である。一六〇一―一六七九年）。一六三四年から一六七一年まで、ルイ一三世およびルイ一四世の部屋付き侍従。彼の日誌の一六四七年から一六七一年までの部分が残されている。

「ルイ一四世は起きるとすぐに、聖霊の祈りとロザリオの祈りを唱えた。それを済ませると、教育係（アルドゥアン・ド・ボーモン・ド・ペレフィクス。『アンリ大王伝』で知られる歴史家でもある）が入室し、彼に勉強を、すなわち聖書ないしフランス史の勉強をさせた。それを済ませると、彼は寝台から離れた。その時、私たちが入室した。すなわち、当直の侍従ふたりだけ、それから常勤の衛士である。寝台を離れると、彼は寝床と同じ部屋に置かれた穴開き椅子（腰掛型便器）に座り、そこで三〇分ばかりを過した。その後、彼は大寝室に入っていった。そこにはたいてい王族方や大貴族がいて、起床の儀式に列するために彼を待っていた。彼は部屋着を身につけ、まっすぐ彼らのもとに行き、彼ら一人ひとりにじつに親しみを込めて話かけたので、彼らはうっとりしてしまうのだった。その後、椅子に腰掛け、手と口と顔を洗った。拭い終わると、ナイトキャップをはずした。ナイトキャップはその下にある髪の毛に絡まって、頭にぴったりくっついていた。彼は寝台と壁の隙間で宮廷司祭たちとともに神に祈った。周りの者たちは皆跪いており、立ち上がったり、おしゃべりしたり、音をたてたりする者などひとりもいなかった。それから部屋

図５　ビリヤードに興じるルイ14世

出典：H. Carré, *op.cit.*, p. 92.

付きの衛士が彼らを部屋の外に下らせた。〔……〕昼食後、大使たちに謁見を許す時は、それ以上はありえないくらいに懇切丁寧に引見した。大使たちの挨拶が終わると、彼は大使らに向かって、一五分くらい、とても気さくに、彼らの主君や国の愛情に関すること、長期にわたる同盟関係や友情、あるいは王室や王国について話すのだった〔……〕。

　昼食後すぐに、王は巡回〔セーヌ河沿いの散歩〕に出かけた。そこで彼は姿を人前に現し、そのついでに、男性であれ女性であれ、礼儀正しく高貴な人びとに話かけもする。巡回が終わると、その日に顧問会議があればそこに入る。堅調の戯曲〔悲劇と喜劇の中間的なもの〕もしばしば上演される。芝居が跳ねると、みごとな演技をした者は皆、王から何かしらの挨拶を受ける。そして陛下ご夫妻は夜食をとりにいく。夜食の後、王は踊る。その場にはヴァイオリンの小楽団が控えている。そして王妃の侍女たちその他もそこに控えている。それが終わると、物語遊びなどのちょっとした遊びをする。その時は輪になって座り、そのなかのひとりが物語の主題を語り始め、話が行き詰まるまで続ける。話が行き詰れば、その隣の者が話を引き継ぎ、同じように続ける。このように、ひとりまたひとりと続けていくと、ちょっとした椿事も起こって、しばしばとても愉快なことにもなる。

真夜中も近づくと、王は王妃にお休みを言い、自分の寝室に入って神に祈り、その場に居合わせる人びとの前で服を脱ぎ、彼らと優雅に語らう。その後、彼はお休みを言い、寝床のある部屋へと入ってゆき、就寝する。その部屋に入ると、彼は穴開き椅子に座り、もっとも近しい人びと、たとえば筆頭の侍従たちやその他数名のそこに入る権利のある者たちと語らう」。

(二) サン＝シモン公爵『回想録』一七三九年―一七四九年

「ルイ一四世はどんなことに関しても絢爛、豪華、浪費を愛した。彼は政治によってこの嗜好を格言に変え、あらゆる点においてそれを宮廷に吹き込んだ。食卓でも、衣服でも、供回りの者でも、建築でも、気晴らしでも、彼は喜んでこの趣向を追い求めた。そして、それらを話題に、彼は人びとと語らうのだった。内心では、彼はそうやって贅沢を名誉あることとし、ある部分については必要なこととすることで、皆を蕩尽させようとしていたのであり、それに成功してもいた。こうして少しずつ、皆が生計を維持するためには彼の恩恵に完全に依存しなければならなくしたのである。さらに、彼はあらゆる点で豪華な宮廷によって、また、自然の社会的区別（昔から当然のこととされてきた身分上の区別）をますますなくしてしまうごちゃまぜによって、自分の自尊心の満足を見出したのである。

一旦傷ができれば、それは内部で癌になり、どんな人でも蝕んでしまう。なぜならそれは、宮廷からパリへ、さらには地方や軍隊にまであっという間に感染してしまうからである。そこでは、地位ある人びとは食卓や贅沢に応じてしか評価されない。この不幸が入り込んでしまうと、皆がそれに侵され、自分たちの出費を続けていく必要から、身分ある人びとを盗みに駆り立て、大部分の人がそれに一生懸命になることを強いる……。

何ひとつとして、王自身でさえ、狩りの一行やその他あらゆる供回りの人数や豪華さに匹敵するものはなかった。王の建物を誰が数えられるだろうか。それと同時に、彼の傲慢さ、気まぐれ、悪趣味を嘆かない者などいるだろうか。彼はサン＝ジェルマンを捨て、パリには装飾物も利便な施設もいっさいつくらなかった。ただ純粋な必要からロワイヤル橋を架け替えただけである（一六八八年）。この点、比類のない大きさをもってはいるが、パリは全ヨーロッパの多くの都市に比べて見劣りがする」。

II

「ルイ一四世には多くの愛人がいた」

あなたが、重要なことを発言する自由を女性に与えるやいなや、彼女が誤った方向へと私たちを導くのは避けられない。女性たちに示す私たちの優しさは、彼女たちのもっともたちの悪い理性を私たちに味わわせ、知らず知らずのうちに、私たちを彼女たちの好む側へと陥れるのである。また、彼女たちがもつ生来のか弱さは、もっともきちんとした考察よりも、取るに足りない利益を好むようにさせるので、彼女たちにほとんどいつも間違った方針を取るようにさせるのである。

ルイ一四世『王太子の教育のための覚書』一六六七年

王と愛妾

この時代においては、君主の不品行が、長い間、人目を避けとおしたり、口の端にのぼらないでいることはなかった。ここで思い起こさねばならないのは、カトリックの国ぐににおいては、経験的モラルが夫婦間の隔たりにいつも寛大であったこと、間男された亭主の話が喜ばれさえしたことである。笑話や小説に登場する悪ふざけ的な反響が、それを証言している。君主政時代のフランスの年代記は、王妃を王宮に置き去りにし、舞踏会や狩猟に美しい野心的な女性を引き連れ、さらには、おおっぴらに宮廷内に彼女たちを囲い込みさえし、公認の愛妾にふさわしいと思われる恩恵と名誉をも与える女好きの国王の話で満ち溢れている。

フランソワ一世、アンリ二世、アンリ四世は、自分たちの不誠実な情事をある種の制度へとつくり変えた。彼らは、寵姫たちが宮中に入ることを認めさせ、彼女たちに称号、領地、年金を与えた。彼女たちの親族には官職や政治的に責任のある地位を与え、愛人関係から生まれた子どもたちを認知し、ほとんどの場合は、子どもたちを愛し、十分に恩恵を施したのである。そのことで世論は別に驚きはしなかった。そのかわり、世論は、こうした女性たちの立身出世に憤慨し、真実か偽りかはともかく、彼女たちの傲慢さを告発し、重い税の負担を彼女たちの派手な出費のせいにし、世の不幸の責任をもっぱら彼女たちに帰した。このような反応ぶりは、父親の放蕩に対して、しばしば子どもたちが示す寛容と批判の入り混じった態度に似ている。

近世の王の臣民は（今日とどれほど異なっているだろうか？）、王の刹那的な情愛の数々から一種のガリア的虚栄〔陽気であけすけなフランス人の気風〕を見てとりつつも、それと同時に、王の不品行、あるいは女性の陰謀につけこまれた勇者のおめでたさがもたらした出費について、自分たちには非難する権利があると思っていた。まるで、フランス人がもつアイデンティティと正統性に対する感情が、フランス人をして自分たちの君主の婚姻の名誉ある保証人であると自認させているかのように、すべてが進んでいったのである。ある時は、ほぼ例外なく外国の姫君であった正統な王妃を信用ならないと決めつけ、またある時は、愛妾たちを軽蔑し、国家の財産を食いつぶしていると告発するといった具合である。このような個々の事例をみると、政治的で強烈な女性蔑視が、フランスの世論の数百年来変わらぬ特徴であるように思われる。

⚜ルイ一四世の恋人たち

ルイ一四世は、この多情な王という長い伝統のなかに含まれている。彼の若気の過ちの数々は、当時の記述文学の一種である「小話」の類としてもてはやされた。それは、流行の移り変わりをものともせず、過去の美しいイメージを追い求める多くの愛好家たちを魅了し続けた。この「小話」には、その著者や読者に必ずしも気づかれていない政治的な意味が込められていた。それは第一に、君主政の正統性の本質にかかわっている。そして第二に、世論や噂といった騒がしくて、真意のほどがよくわからない合唱という性格をもっている。またそれは、非常に早くから、若きルイ一四世が女性の性的な魅力に敏感だったことを私たちに教えてくれる。

彼の色好みは女性に対する本質的な軽蔑をともなっていた。彼は『王太子の教育のための覚書』〔本章冒頭を参照〕のなかで、女性は生来の意志の弱さによって判断を誤り、しゃべりすぎると説明している。彼は母后や乳母を愛していたし、愛人たちには夢中になった。彼は宮廷の美しい婦人たちをダンスやカード遊びや会話の相手として評価したが、彼女たちの意見を信用しないのを原則としていた。生涯にわたって、また年齢に相応して、王は愛想のよい宮廷人であり続け、女性に対して非常に積極的でもあった。まるでドン・ファンのように、公爵夫人でも召使でも社会的身分はお構いなしに、ペチコートを身にまとっているすべての女性に視線を投げかけた。かいつまんで言えば、この分野においては、自然が彼に才能を与えたように思われる。

図6　ラ・ヴァリエール嬢

スペインの王女で、一六六〇年六月九日、サン＝ジャン＝ド＝リュズ〔スペインとの国境近くの小都市〕で結婚した由緒正しい王妃マリー＝テレーズは、穏やかで、慈悲深い女性だったが、やや不器量で、あまり利発というわけではなかった。彼女には浮気な夫を長い間引き留めておくことはできなかった。一六六一年の夏になると、王はひとりの若い美女（一七歳）ルイーズ＝フランソワーズ・ド・ラ・ボーム・ル・ブラン・ド・ラ・ヴァリエールとの関係を公にした。彼女は一六六七年まで寵愛を受けた。彼女はその地位を、より美しく、より自信家であったフランソワーズ＝アテナイス・ド・ロシュシュアール、つまりモンテスパン侯爵ルイ＝アンリ・ド・パルダイヤン・ド・ゴンドランの妻に譲った。彼女への眩いばかりの情愛は一六七九年まで続いた。その次が、生まれ故郷のオート・オーヴェルニュ地方から出てきたばかりの、非常に美しいマリー＝アンジェリク・ド・スコライユ・ド・フォンタンジュである。彼女は黄金色の髪の持主であった。ラ・ヴァリエールの時と同様に、王は彼女を公爵にした。しかし運命の神は、一六八一年に彼女を二〇歳で世を去らせることを望んだ。

　他にも多くのかりそめの恋があったが、その日付や期間はあやふやで不明確である。それと同じ時期に（おおよその日付さえ分かっていない）、王はもうひとりの女性、成熟した美貌と知性と慎み深さの持主であるスカロン未亡人、フランソワーズ・ドービニェのためらいを克服した。彼女の場合、一六八三年に王と結婚するにいたった。彼女は愛人である王を飼いならし、彼に彼女の愛の誠実さを気づかせ、彼の関心を惹きつけ、彼を魅了し、彼を征服し、彼を生涯にわたって彼女のもとに留めておくことができた。

　愛妾たちとの間に、王は多くの子どもをもうけた。ラ・ヴァリエールとの間には四人の子どもが生まれ、そのうち二人が生き残った。モンテスパン夫人は王との間に八人の子どもをもうけ、そのうち四人が成人年齢に達した。これら庶出子たちの全員がブルボン姓を名乗り、公開王状によって認知され、輝かしい爵位と年金を授けられた。ルイ一四世は彼らを第二の家族、あるいは、むしろ予備の家族と考えていた。彼は、この家族を嫡出子の家族と混ぜあわせようとし、これまでのモラルや政治のしきたりが認めてきたものを超えて、彼らにすべてを認めた。彼は、庶出子たちに公爵同輩衆《デュク・エ・ペール》よりも上の位階、ほぼ親王と並ぶ位階を授けた。なかでも大切に育てられたモンテスパン侯爵夫人との間にできた子どもたちは、特権的ともいえる要職についた。もっとも、彼らは、そうした官職に値しなかったわけではなかった。メーヌ公爵は砲兵隊司令官となり（一六九四年）、トゥルーズ伯爵は海軍提督となった（一六八三年）。二代目ブロワ嬢は一六九二年に王の甥で、後の摂政となるフィリップ・ドルレアンと結婚した。

図7　フォンタンジュ嬢

　このような羽目をはずした行為の当初は、王も幾分やましさを感じて、宮廷では秘密が露見しないように気を配り、数人の友人と部屋付侍従のボンタンにしか秘密を打ち明けなかった。母后や贖罪司祭たちの諫言で行動の自由を妨げられ、時折は教会で聖体拝領を差し控えることもあった。寵姫たちは、彼女たちの高名な愛人〔ルイ一四世〕よりもいっそう苦悩し、宮廷を去り、修道院にこもって良心の呵責に耐えることを選択した。他の多くの分野でもそうだが、この分野においても、王は非難に耳をかさず、妻の不貞のことで不平をこぼすという失態をしでかした哀れなモンテスパン侯爵を宮廷から追放した。人がどのように考えようと、宮廷においては、ひとりないし複数の寵姫たちが占める特別な地位を容認することが望まれたのである。もっとも現実には、こうした高名な女性たちの誰ひとりとして、王国の政治に干渉しなかったことを述べておく必要がある。また、この正々堂々とした一夫多妻制について、世論もけっして憤慨などしていなかったことも明確にしておこう。

モンテスパン夫人の失寵

ただひとり、自分の立場を過信し、その立場を利用して、王の傍らで恩恵の分配に与ったのが、美しく才気煥発なモンテスパン侯爵夫人であった。彼女のルイに対する支配の終末は、ひとつの恐ろしいスキャンダルで早められた。例の裁判〔ヴォワザン事件〕がパリにおける犯罪者のネットワークを白日のもとに晒しだしたのである。そこには、詐欺師、香具師、ゆすりの名人、隠匿者、魔術師、そして愛の秘薬・堕胎・嬰児殺し・毒殺の専門家であるもぐりの産婆が名を連ねていた。

しばしば説教をしたがる歴史書は、ここでも、同時代の人びとの驚きや憤慨を繰り返し述べている。私たちがむしろ認めるべきことは、より長期的な視野にたって、このような類の逸脱行為が、結局のところ、その当時の大都市における犯罪ではありきたりのものだったことである。犯罪の露見の規模が大きかったのは、一六六七年にパリに設立された、まったく新しい抑圧機関である警視庁の活躍によるものであった。捜査の規模の大きさに仰天して、司法官たちは、一六七九年四月から一六八二年七月にかけて、特別の司法委員会を兵器廠《アルスナル》内に設置した。そこでは四四二名が取り調べを受け、三四名の死刑が宣告された。主犯はヴォワザンという名の女性であるが、彼女は、大勢の貴婦人の顧客のひとりにモンテスパン夫人がいたこと、モンテスパン夫人が彼女に愛情を取り戻す効果のある催淫剤もしくは治療薬を求めたことを自白した。モンテスパン夫人に対する告発は、彼女が王に飲ませるための毒薬をも購入していたと主張するにいたった。

図8　モンテスパン侯爵夫人

愛の処方薬の使用は、何ら驚

くには値しない。逆に、自分の保護者である王を殺そうとしたという考え方は馬鹿げていた。およその事実関係が教えるところは、そのようなものであるし、ルイ一四世もそのように考えた。いずれにしても、一六七九年以降、彼の心は他に移っていった。したがって、このおぞましい事件に王が関心を向けることはもはやなかった。モンテスパン侯爵夫人は、その後も一六九一年まで宮廷に留まり続けたが、その年、彼女の方からとある修道院に身を引くことを選択した。

これまで見てきたように、恋愛遍歴のなかで、ルイ一四世は今一度その時代の証言者となった。彼は、その当時の習俗の驚くべき自由さと、モラル面での天真爛漫さの典型であるにすぎなかったのである。それらは、次の時代のより隠しだてをする立居振舞とは対照的である。一六八三年以降ともなると、年齢にともなう分別から、王は美しい顔立ちを賞賛し、貴婦人たちにはいつも親切な態度を示すことで満足した。

▼人民、愛、君主政▲

世襲の君主政においては、君主の正統性はある王朝の中心に場所を占めていることに由来する。それゆえ、王の系譜のなかで起こる家庭内の事件は、そのいずれもが必然的に政治的な重要性を帯びる。男児をもうける王の能力、あるいは男児を受胎しこの世に送り出す王妃の能力は、全臣民の期待に応えるのである。同様に、これらの能力は他の列強諸国の妬ましげな注目、あるいは脅迫的な注目を引く。国家の安定、つまり王国の住民たちの幸福は、まずは第一王子の誕生に、次に世代から世代への王位継承権の伝達にかかっている。それゆえ、かつて王妃アンヌ・ドートリッシュは一六一五年にとても若くして結婚してから長い間、子どもができなかったので、いつ離婚させられてもおかしくないと思われていたらしい。それだけに、その後、二三年間の不妊の結婚生活の後で、一六三八年に未来のルイ一四世が生れたことは、よりいっそう奇跡のように思われたのだった。ルイ一四世の誕生は、神の贈り物として、聖母マリアがフランスに授けた庇護の結果として祝福された。

すべての昔の王政では、君主の健康にかかわるどんな些細なニュースも、彼の結婚生活のどんな逸話も、性的振舞のちょっとした逸脱も、隠されたままであってはならなかった。市民の私生活の慎み深さがそれらを隠そうとしたり、専制的権力の秘密がそれを隠すよう命じたりする

図9　王太子の誕生を聖母マリアに感謝するルイ 13 世と
アンヌ・ドートリッシュ

中央の聖母に向かって、ルイ 13 世は王冠と王杖を、アンヌ・ドートリッシュはルイ 14 世となる幼子を掲げている。
出典： *Abraham Bosse : Savant Graveur Tours, vers 1604-1673,* Paris, Bibliothèque nationale de France/Musée des Beaux-Arts de Tours, 2004, p. 199.

のとは異なっていたのである。これらの些細な出来事は、すぐにあちこちで噂される小話となった。最初は大臣たちや宮廷人の会話のなかで始まり、ついで街頭や店先にも伝わって、それに着想を得た物語やきわどい小唄がつくられた。この時代、君主の日常生活は公開されねばならなかった。彼らには個人の自由はなく、彼らの恋愛や結婚は国事であった。なぜなら、それらによって王権と人民の間に同盟が生れるか反目が生じるかが決まったからである。王妃は何名かの貴顕たちが見ている前で出産し、子どもを取替える疑いを取り除かねばならなかった。君主の夫婦仲が熱いか冷めているかは、部屋付きの侍従や宮廷人に知られており、すぐに誰もが知るところとなったのである。

▼ルイ一四世が愛した女性たち▲

一六六〇年、ルイ一四世はマリー＝テレーズ・ドートリッシュ（スペイン王女）と結婚する。この結婚から生れた子どもは、次のとおりである。

王太子ルイ（一六六一・一七一一年）／アンヌ＝エリザベート（一六六二・一六六二年）／マリー＝アンヌ（一六六四・一六六四年）／マリー＝テレーズ（一六六七・一六七二年）／フィリップ（一六六八・一六七一年）／ルイ＝フランソワ（一六七二・一六七二年）

ルイーズ＝フランソワーズ・ド・ラ・ボーム・ル・ブラン（ラ・ヴァリエール嬢）との愛人関係から生れた子どもは、次のとおりである。

シャルル（一六六三・一六六五年）／フィリップ（一六六五・一六六六年）／マリー＝アンヌ（初代ブロワ嬢）（一六六六・一七三九年）／ルイ（ヴェルマンドワ伯爵）（一六六七・一六八三年）

フランソワーズ＝アテナイス・ド・ロシュシュアール（モンテスパン夫人）との愛人関係から生れた子どもは、次のとおりである。

ルイーズ＝フランソワーズ（一六六九・一六七二年）／ルイ＝オーギュスト（メーヌ公爵）（一六七〇・一七三六年）／ルイ＝セザール（ヴェクサン伯爵）（一六七二・一六八三年）／ルイーズ＝フランソワーズ（ナ

ント嬢）（一六七三・一七四三年）／ルイーズ＝マリー（トゥール嬢）（一六七四・一六八一年）／フランソワーズ＝マリー（二代目ブロワ嬢）（一六七七・一七四九年）／ルイ＝アレクサンドル（トゥルーズ伯爵）（一六七八・一七三七年）

ルイ一四世の愛人遍歴はとくに有名で、ラ・ヴァリエール、モンテスパン夫人、マントノン夫人以外にも多くの宮廷女性とのゴシップが噂された。なかには、名前も定かでない女優や掃除女とのゆきずりの関係もあったようである。それでも若かった時、ルイが女性にあまり関心を示さないことを心配した母后アンヌ・ドートリッシュは、ルイに女性の扱い方の手ほどきをするよう女官長のボーヴェ夫人に命じたほどだった。その甲斐あってか、一六五〇年代末頃からルイはこの方面の才覚を発揮しはじめた。一六五八年に母后付きの侍女アルジャンクール嬢との淡い恋が発覚している。この時は、母后や宰相マザランの反対により、彼女は修道院に身を隠した。

ルイの純粋な愛としてもっともよく知られているエピソードは、マザランの姪マリー・マンシーニとの悲恋である。マンシーニ家に頻繁に出入りしていたルイは、やがて知的で快活なマリーに惹かれ、結婚を約束するまでになった。しかし、一六五九年のピレネー条約の後、スペインとの同盟を重視するマザランがルイとスペイン王女マリー＝テレーズとの政略結婚を急ぐあまり、マリーは無理やりルイとの仲を引き裂かれ、西フランスの港町ブルアージュに軟禁された。ルイはまさしく国家理性のために、自由意志による結婚を貫徹できなかったのである。近年のフランスで人気を博しているミュージカル『太陽王』の第一幕は、この悲劇的な別離の場面がクライマックスとなっている。失意のマリーは、やがてイタリア人貴族コロンナ公爵との結婚のためローマへと旅立っていく。もっとも、マリーよりも前からルイと親密な交際があった姉のオランプ・マンシーニは、ソワソン伯爵との結婚後も公然たるルイの愛人であり続けた。その他、ルイの愛人にはモナコ公妃、ブランカ伯爵夫人、スービーズ夫人などがいたとされる。

マリー＝テレーズとの結婚の後、ルイは美しい義妹アンリエット・ダングルテールへの未練を断ち切り、彼女の侍女であるラ・ヴァリエールの方に関心を移したが、彼女は宮廷からの仕打ちを恐れてパリの家に隠れ住み、王の子どもを身ごもった。ラ・ヴァリエールの場合も、一六六七年以後に寵愛を欲しいままにしたモンテスパン夫人の場合も、ルイとの関係が公表されるまでには相当に身の危険がつきまとった。フォンタンジュ嬢は一六七八年に宮廷に出仕した直後からルイの寵愛を受けたが、一六八一年に産褥の時の出血のためわずか二〇歳で亡くなった。その際、涙にくれたルイは彼女の枕元を離

図10　マリー・マンシーニ

れなかったといわれている。結局、ルイ一四世の情愛は気まぐれで長続きせず、最後まで信頼を得ていたのはマントノン夫人ただひとりと言って過言ではない。女性蔑視の根深いフランスの世論は、彼女を「女帝」とか「女僧正」と揶揄した。

この項を閉じるにあたって、ここでは、ヴォルテールの『ルイ一四世の世紀』第二六章からの一節を引用しておきたい。「王はモンテスパン夫人をひどく悲しませるには忍びないが、他の女性たちにも心を惹かれるといった具合で、早くもマントノン夫人と語り合いながら、今までの愛妾の側では、もう味わうことのできぬ和やかさを見出していたのである。モンテスパン夫人は棄てるわけにはいかない。フォンタンジュ嬢は愛しいと思う。マントノン夫人は乱れた心を鎮めるのにその言葉が欠かせない。というわけで、王の心はなかなかひとつに決まらなかった。女性三人が寵愛を争っているから、宮中の者が去就に迷うのは無理もない。これは、ルイ一四世のために徳としなくてはならないが、こういう濡れ事は、ひとつとして公の問題に影響を及ぼさず、恋愛は宮廷を騒がせただけで、政治にはまったく何の混乱もきたしていない。これこそルイ一四世が、多情ではあるが、偉大な魂の持主だった何よりの証拠といってよいのではなかろうか」。

III

「ルイ一四世はモリエールをまったく理解しなかった」

ある日、王はラシーヌに尋ねた。「余の治世下で、フランスの名誉を担った大作家のうち、もっとも非凡なものは誰であろうか」。「陛下。それはモリエールにございます」。「信じられんな。だが、その点では、そなたは、余よりも通じておるからな」。

息子ルイによる『ジャン・ラシーヌの生涯』より

✤モリエールの立身

ロマン主義的な約束事によれば、天才的な芸術家は貧困で無名でなくてはならない。このお決まりのパターンは、ルイ一四世の宮廷におけるモリエールの華々しい成功には当てはまらない。若き王はコメディの調子が大好きだったし、モリエールの作品のなかに、その時代のいくつかの

図 11　モリエール

欠点を自ら認識するだけの良識も十分にもち合わせていた。

モリエールの一座は、一六四三年から地方を巡業していたが、やがて世に認められ、パリで上演できるまでになった。ルイ一四世が最初に彼らの舞台を観賞したのは、一六五八年一〇月ルーヴル宮の広間においてであった。モリエールが演目に選んだのは、コルネイユの悲劇『ニコメード』と、その後に続く彼ならではの笑劇『多情な医者』であった。心底魅了された若き王は、王弟フィリップに俳優たちをお抱えとするよう説得した。これ以後、この小さな劇団は「王弟殿下の一座」となり、ルーヴルに程近いサン＝ジェルマン＝ローセロワ教区内にあるプティ・ブルボン館の広間を、その後、一六六一年からはパレ・ロワイヤルの広間を使用することとなった。ついで、ヴェルサイユ宮殿で催された最初の祝宴以降、若き王は、何としてもこの素晴らしい一座を自分だけのものにすることに執着した。かくして、一六六二年一二月にパリで創作された『女房学校』は、一六六三年二月のカーニヴァルのためにヴェルサイユで上演された。この作品では、時代遅れで卑屈な老人の考え方と衝突する若者の自由さが舞台にのせられた。この作品の筋書がある人びとを不愉快にしたとしても、二〇歳そこそこの君主や、彼の年代に属する傲慢さがしみ込んだ王の取り巻きたちに、そうした反応はまったくあてはまらない。

その後、一六六三年一〇月には『ヴェルサイユ即興劇』が、ついで、一六六四年五月七日から一四日にかけては、ヴェルサイユの初期の庭園で繰り広げられた途方もない祝宴である「魔法の島の娯楽」が催された。この祝祭のメインテーマは、イタリア人の作家アリオスト（一四七四－一五三三年）の叙事詩『狂えるロラン』に想を得た壮大なバレエで、そこには、王自身も輝ける騎士の役で登場した。この眩いばかりの何時間かの後、プログラムにはモリエールの四つの演劇が含まれていた。すなわち、再演となる『厄介者』（一六六一年作）、新作『強いられた結婚』（一六六四年一月）、「マスカラード風の小喜劇」である『エリード姫』の初演、そして最後に社会的な喜劇『タルチュフ』（一六六四年五月）の初演版である。

図12　タルチュフの一場面

出典：『モリエール全集』第4巻、臨川書店、2000年、255頁。

この最後の劇の内容は母后を憤慨させた。なぜなら、モリエールが攻撃の標的に選んだのが、篤信家ぶってはいても、紛れのないペテン師である社交好きな聖職者の悪習の数々だったからである。パリ大司教は、一六六七年八月、高等法院に依頼してパリでの上演を妨げる認可を獲得した。しかし、このちょっとしたスキャンダルは、モリエールに対する王の高い評価を見せつける新たな機会となった。王は、教条に凝り固まった人びとを嫌っていたし、党派心をもった人や、ジャンセニストであれ、プロテスタントであれ、信仰心の篤い人を信用していなかった。だから、王は自分のお気に入りの作家の肩をもつのに何の不都合も感じなかった。結局、『タルチュフ』の改訂版は、一六六九年二月に演じられることとなった（初版のテクストは知られていない）。いずれにしても、一六六五年八月の公開王状以来、モリエールの一座は王の劇団という資格と特権を受けたのである。

コメディ・バレエの成功

その当時の流行、新しい世代の要求、さらにルイ一四世の個人的な好みが、コメディ・バレエの方向への歩みをもたらした。一七世紀の初頭以来、催し物が貴族の邸宅でおこなわれる時には、滑稽で刹那的な筋書きのバレエが上演されていた。コメディ・バレエというジャンルの新しさは、喜劇作品にいくつかの舞踏用のアントレを添えたこと、そしてまた、喜劇もしくは笑劇の楽しさ、舞台装置と豪華な衣装による幻想的な雰囲気、音楽による場面転換、そして王自らが名手であった舞踏の魅力を結び合わせたことにあった。このような注文に従いつつ、モリエールはテクストを音楽に合わせ、テクストにあらゆる種類の幕間の寸劇をつけ加えた。その最初の有名な作品が『強いられた結婚』と『エリード姫』（一六六四年五月）で、予告案内には、それらは「音楽とバレエのアントレが混じった優美な喜劇」と形容された。

これらの企画のために、ルイ一四世はモリエールとリュリ（ルイ一四世お気に入りの宮廷音楽家）が一緒に仕事をすることを望み、ふたりの結びつきは一六七一年まで続いた。成功につぐ成功であった。一六六八年の『ジョルジュ・ダンダン』、一六六九年の『ムッシュー・ド・プルソニャック』、一六七〇年の『町人貴族』などである。後者ふたつの作品は、秋のソローニュの森（オルレアンの南方に広がる森林で、有名な狩猟地）で開かれる狩猟シーズンに、シャンボールで創作された。『エスカルバーニャ伯爵夫人』は一六七一年にサン＝ジェルマン城でつくられた。モリエールの最後の作品となる『病は気から』については、一六七三年のカーニヴァルの期間にパリで上演され、彼の死後、一六七四年七月にヴェルサイユで再演された。

カリカチュア化される人間群像

この劇作家の才能を花開かせるのに、王の許可はまったく必要としなかった。それでも当座は、宮廷での成功が幸運の大きな保証となった。ヴェルサイユの夏の夕べの公演で最初に上演された作品は、すぐにパリで再演された。苦痛礼賛的な伝説によれば、モリエールはあえて蛮勇をふるって、当時の習俗を懲らしめたのだと主張したがっている。実際には、彼の演劇の筋書きは、はっきり言って、宮廷人受けを狙ったものであった。笑いものにされる人物は、多くの場合、パリの富裕な名士や、大土地所有者、貿易商人であり、アルパゴン（『守銭奴』、一六六八年）、アルガン（『病は気から』）、ジュルダン氏（『町人貴族』）などのように、パリのブルジョワ階級の商人の肩書をもった人びとを想起させる。もっともグロテスクに描かれた登場人物は、プルソニャック、ソタンヴィル、エスカルバーニャのような奥まった片田舎から出てきた小貴族たちであった。

　これらの愚かな主人公が嘲笑の対象となったのは、金持ちや貴族といった彼らの社会的な地位のためではなく、自らの身分のわきまえ方を知らず、社会的な滑稽さを漂わせた人物としてである。というのも、彼らがしでかすことは、過剰にすぎるか、不十分にすぎるかであったからである。過剰というのは、成り上がり者のように、つまりは、自分が手に入れたいと望む立派な風采にふさわしくない人物のことであり、逆に不十分というのは、生れながらの地位に留まることができないほどに貧困に陥った人物のことである。モリエールがこのような道化役を登場させたのは、社会秩序を転覆させようとするためではまったくなく、カリカチュア的な人物を犠牲にして、笑わせることが問題だったからである。彼らの過ちは、まさしく宮廷の様式や流儀を無器用に猿真似したことにあった。

　後世において、モリエールの演劇の演出家たちは、今ではもはや通用していない過去の社会的モラルの突飛な面を暴きたてるのを好んでいるが、それは無知な人の時代錯誤的な見方でしかない。たとえば、彼らは、愚弄された老人の苦渋、タルチュフの孤独、あるいはダンダンの自殺計画のように、いくつかの場面の陰鬱な特色を強調してみせる。作品の筋立てのなかに隠されたリアリズムの諸要素が、こうした解釈を正当化する。しかしながら、心得ておかねばならないのは、このような解釈は、ヴェルサイユでの上演時の方針として取られた痛快な気分を反映したものではないことである。たとえば、自分の妻に悩まされ、侮辱されたダンダンが死のうと考えた時、友人の羊飼いたちは、彼にブドウ酒のなかで溺れ死ぬことを勧め、事実、この祝祭は、酒神バッカスを称えた浮かれ騒ぎで幕を閉じた。

ルイ一四世のモリエールへの熱狂と特別の好意は、けっして変わることがなかった。たしかに、王はモリエールの上演目録のほぼすべてを観賞し、しばしば二度観ることもあった。一六六四年、王はモリエールの息子ルイの代父役をかってでてもいる。その子どもは幼くして亡くなった。一六七三年二月一七日にこの役者〔モリエール〕が亡くなった後、王は彼がパリのサン＝トゥスタシュ教区の礼拝堂で手厚く葬られるように取り計らった。

図 13　ムッシュー・ド・プルソニャックの一場面

出典：『モリエール全集』第 7 巻、臨川書店、2001 年、315 頁。

▼芸術愛好家ルイ一四世▲

「芸術に関しては、ルイ一四世はできのよいものしか愛さなかった。彼が、ラシーヌ、ボワロー、モリエール、ボシュエ、フェヌロン、ル・ブラン、ジラルドン、ル・ノートルらを抱えたことが、何よりもその証拠である。〔……〕コルベール氏があらゆる芸術を保護し開花させたのは、主人の趣味に従ったにすぎない。というのも、コルベール氏は、文学的教養がないので、〔……〕平凡さをこえた快楽を求める洗練された宮廷が自然に与えるこの趣味を、芸術に対してもつことができなかったのだ」。

「〔……〕ルイ一四世は、彼自身の意志で、ボワロー、ラシーヌ、ペリッソン、その他大勢に年金を与えた。彼はしばしば彼らと語らったものだった。〔……〕一六九〇年九月、彼はラシーヌにマルリー〔離宮〕への同道を許し、彼に当時の傑作をいくつか朗読させた」。

「前の年、ルイ一四世は自分の歴史を書かせるためにラシーヌとボワローそれぞれに一〇〇〇ピストル与えていた。これは今日の二万リーヴルに相当する。さらに彼は、この贈り物に四〇〇〇リーヴルの年金を加えていた」。

「ルイ一四世は自分の意志で何人もの外国の学者に年金を与えた。そこでコルベール氏は、受け手にとっても君主にとってもたいへん名誉なこの手当ての受領者の選択について、ペロー氏に相談した。彼〔ルイ一四世〕の才能のひとつは、宮廷を掌握することだった。彼は自分の宮廷をヨーロッパでもっとも壮麗で洗練されたものとした。ルイ一四世が催した祝宴〔の話〕を読んだ後で、小説のなかの祝宴の描写をどうやったらまだ読むことができるか、私は知らない。サン＝ジェルマンやヴェルサイユでの祝宴や、彼が催した騎馬パレードは、もっとも空想的な想像力が発明したものを超えている。たいてい彼はこれらの祝宴で、宮廷でもっとも美しい女性たちと踊った。自然がルイ一四世の趣味を手助けするため努力しているかのようだった。彼の宮廷にはヨーロッパでもっとも容姿端麗な男性で溢れ、また完璧な美貌の女性三〇名が一堂に会していた。彼らの品位や優雅さにふさわしい、比喩に富んだ舞踏音楽を作曲するよう配慮がなされていた。上演された戯曲でさえも、たいてい繊細な暗示に富み、彼らの心に秘めた関心事と関連していた。モリエールとリュリが主要な装飾をほどこしたこれら公式の祝宴が開かれただけではない。王弟妃、つまり王の義妹のためとか、あるいはラ・ヴァリエール嬢のために、私的な祝宴も開かれていたのである」。

ヴォルテール『ルイ一四世の世紀』一七五一年

▼そして、モリエールはきちんとルイ一四世にそのお返しをする……▲

クリタンドル　あなたは宮廷に対して、かなり恨みをもっていられるご様子ですね。あなたがた学者たちから毎日悪口ばかり言われては、宮廷もさぞかし迷惑なことでしょうな。なんでも、自分の気に入らないことが起こるたび、あなたがたは宮廷にけんかをふっかける。宮廷の趣味が悪いといっては非難し、ご自分たちのなにかが失敗すると、すべて宮廷のせいになさる。ところで、トリソッタン先生、ぼくはあなたのお名前に心から敬意を表して言いたいのですが、あなたや、あなたとの仲間のかたがたは、もうすこし物柔らかな調子で宮廷のことをお話なさったほうが、身のためじゃないでしょうか。事実、好意をもって見てくだされば、宮廷は、あなたがたの考えていられるほど愚かではないんですよ。宮廷には、すべてを見分けるのに必要な良識が備わっていますし、だれだってそこでかなりよい趣味を身につけることができるんです。それに、社交的な精神という点では、はっきり言って、えせ学者の生半可な知識に、けっしてひけを取らないと思います。

モリエール『女学者』第四幕第三場　一六七二年

IV

「年老いたルイ一四世はマントノン夫人の言いなりだった」

彼女は愛することをよく知っている。彼女に愛されることは、さぞや楽しいであろうな。

王とモンテスパン夫人の間の子どものひとりが幼少で亡くなった後、その養育係を務めていたフランソワーズ・スカロンが悲嘆に暮れたことについてルイ一四世が語った言葉、一六七二年。

ルイ一四世の「再婚」

王妃マリー＝テレーズの死後何ヵ月も経たないうちに、寡婦であり、名誉のある誕生でもなく（彼女は西フランスの小都市ニオールの牢獄で生まれた）、財産もないフランソワーズ・ドービニェ（マントノン侯爵夫人、一六三五－一七一九年）と王がおこなった秘密結婚は、世論の大きな反発を巻き起こした。密やかなこの結婚は一六八三年のとある日に取りおこなわれたが、正確な日付は今もっ

図14　マントノン夫人

てわかっていない（一〇月九日の夜とする説が一般的である）。もっとも、それは貴賤結婚であり、つまり、彼女は一個人としてルイと関係をもつだけで、その地位によるものではなかった。したがって、妻は王妃ではなく、いかなる制度的な役割も果たしてはならなかった。それでも、王はしばしば顧問会議を配偶者である彼女の部屋で開き、彼女はもっとも重要な議論にも、黙って、刺繍の仕事をしながら居合わせたのである。

彼女は知的で教養があり、感じがよかったので、夫に影響を与えないわけにはいかなかった。彼女は信仰心が篤く、慈悲深く、カトリック教会とローマ教皇庁に非常に忠実であったので、フランス国教主義派の系統をひく人びとには喜ばれなかった。彼女は、ある特定の人びとにより多くの信頼を寄せ、人物の性格を判別することができ、推挙すべき人と排除すべき人をもっていた。そういうわけで、ありとあらゆる不満分子がフランスのさまざまな不幸の原因を彼女のせいにした。ルイ一四世の晩年の何十年かは、天候不順による災害や軍事的敗北が重なった。老いた王は、もはや若者にも祝祭にも取り巻かれてはいなかった。そして人びとは、宮廷が陰気で抹香臭い雰囲気になったことの責任を侯爵夫人に帰した。政治上の失敗や敗戦の原因は、彼女の不適切な助言や、彼女のお気に入りたちの策謀に帰されたのである。

後の時代になると、熱心な反教権主義的な著述家たちの目には、彼女のカトリック信仰への傾倒が彼女を胡散臭い人物にしたと映った。サン＝シモン公爵やミシュレ〔一九世紀の代表的な歴史家〕、そして彼らの読者は、彼女の王への影響を非難した。国王であるルイ一四世は敬意を払うべき存在だったので、ナントの勅令の廃止とプロテスタントの迫害、ポール＝ロワイヤル派の抑圧、スペイン継承戦争の危険な選択といった、後の時代の人びとが批判したあらゆる偶発的で陰惨な出来事の元凶は侯爵夫人である必要があったのである。

マントノン夫人の半生

フランソワーズ・ドービニェが数奇な運命をたどったことは確かである。彼女は幼少時代をアンティル諸島〔カリブ海域の西インド諸島にあるフランス植民地〕で過ごした。そこでは、名門家系の出身でありながら、ならず者の父がマリー＝ギャラント島総督を務めていた。彼女はプロテスタントの詩人で理論家でもあったアグリッパ・ドービニェの孫娘であったが、彼女の母、ポワトゥ地方にいる彼女の家族、パリのウルスラ会修道院によって、カトリック信仰のなかで育てられた。

一六五二年、彼女は一六歳でパリの文人であるポール・スカロン〔一六一〇－一六六〇年〕と結婚した。滑稽文学のすばらしい才能に恵まれたこの自由思想の著作家は、『役者物語』〔一六五一

図15　マントノン城

年）の作者である。その作品は旅芸人が繰り広げる出来事の滑稽このうえない物語で、しばしば劇作や映画の脚本家によって上演され、模倣もされた（読んでごらんなさい。笑いますよ）。スカロンが彼女より二五歳も年長で、また重い身体障害者であったことも述べておかねばならない。彼女は八年間を彼とともに過ごした。彼は一六六〇年一〇月に亡くなった。若い未亡人はその美貌で評判となり、パリでは「美しきインド女」と渾名された。

一六六九年、彼女は、王とモンテスパン夫人の情事から生まれた子どもたちの養育係に雇われた。彼女はこの任務を大層みごとにこなした。というのも、養育した子どもたちが彼女を愛し、後には、父王が彼らに与えた威信の高い職務の体面を保つことができたからである。彼女が王の目に止まったのは、この慎ましくも、微笑ましい任務についていた時であった。一六七五年、彼女はマントノンの土地〔ヴェルサイユの西方〕と侯爵位を購入することができ、以後はその名をもつこととなった。

モンテスパン夫人は、王の寵愛を自分ひとりで独占しないことを受け入れていたが、それでもルイの気配りが自分の被保護者であるマントノン夫人へ向かうのを懸念した。実際のところ、かなり早くから、フランソワーズ・ドービニェはルイ一四世の口説きに屈していたと思われる。一六七三年とか、一六七九年にようやくともいわれている。彼女は分別があり、感受性が豊かで、そしていつも美しかった。四〇歳代の王の愛情をかちえ、そしてさらに驚くべきことには、神の前で彼の妻となったのである。悪意に満ちた世論は、この結婚のなかに夫人の野望を暴きたてようとした。私たちにはむしろ、この結婚がルイ一四世の判断の驚くほどの自由さを証言するもののように思われる。

マントノン夫人の功罪

このような人物の注意深く控え目な妻となった彼女は、ずっと黙っていることができ、慎重な意見しか述べないでいることができた。たしかに彼女には好みがあり、ヴィラール元帥、財務総監シャミヤール、それに大法官ヴォワザンを支持していた。反対に、彼女は王の甥で、一七一五年以後に摂政となるフィリップ・ドルレアンが好きでなかった。彼女は、彼を放蕩者で軍の指揮官にはふさわしくないと判断していたが、その判断はあながち間違ってはいなかった。

彼女の心を温めていた大きな計画は、地位が低く、資産のない貴族の若い娘たちのために教育施設をつくることであった。彼女は、一六八五年、王から与えられた基金をもとにサン＝シール

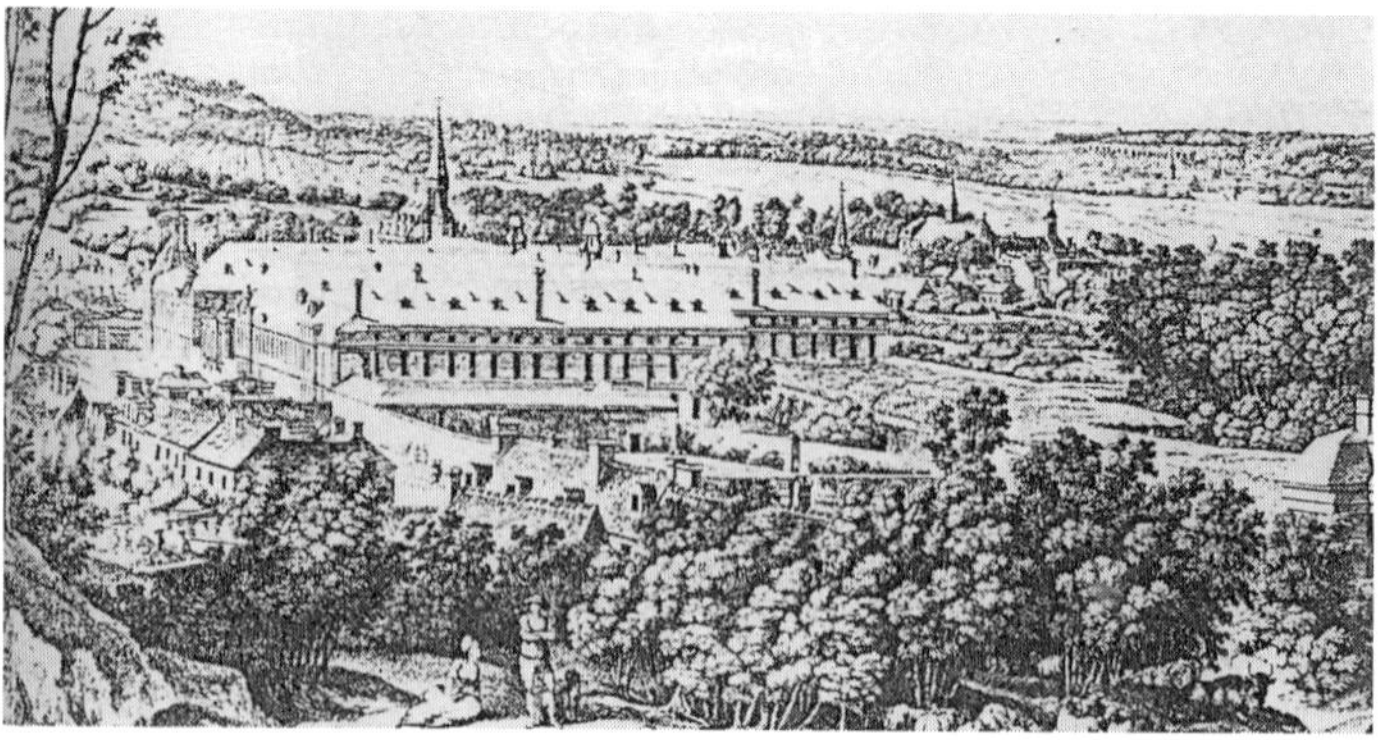

図16　マントノン夫人によって設立された聖ルイ学院

出典：F. Lebrun, M.Venard et J. Quéniart (éds.), *Histoire générale de l'Enseignement et de l' Éducation en France*, t-2, Paris, 1981, p. 486.

〔ヴェルサイユの西方でマントノンの近く〕に学校を創立し、その目的を達成させた。これは大成功をおさめた。この施設は数百人の少女や女児を受け入れ、立派な礼儀作法と高水準の教育課程を学ばせた。同じように侯爵夫人は、地方の娘たちのための小さな学校を各地に開設することを自分の義務であると考えていた。もしも「女性の歴史」とか、アメリカでいわれているようなジェンダー史が存在するならば、女性の役割を引き上げた点で、侯爵夫人がそのパイオニアの位置を占めるのは間違いない。

　彼女が王の精神にまで及ぼしていた本当の影響力は、新しく闘争的な信仰〔反宗教改革を掲げたカトリックの復興運動〕への彼女の帰依であった。この目をみはるような信念のゆえに、彼女はプロテスタントの信仰の禁止に決定的な役割を果したと見なされた。しかし、その当時、〔プロテスタント信仰の禁止に〕不平を申し立てたのは、侯爵夫人を毛嫌いしていた王の義妹プファルツ公女であった。したがって、このような主張（マントノン夫人黒幕説）は、彼女が王の決定に及ぼしていた権限の実態とも、彼女の深淵な感情とも一致しない。彼女にはプロテスタントの親族への思い出——カトリックに帰依してはいたけれども、彼女はプロテスタントの伝統のなかで育っており、それに彼女の祖父自身が熱烈なカルヴァン主義者であった——があったし、また、彼女は暴力を嫌ってもいたからである。

　彼女の最大の欠点は、絵空事の物語のような社会的上昇をなしとげたこと、そして、もちろん聡明な女性であったことで、それらがフランス人にはまったく気に入らなかったのである。彼女は年老いた王につき従い、彼が待ち望んでいた精神的な支えを与えることはできたが、彼を支配したり、彼の決定を変えたりすることは絶対にできなかった。マントノン夫人の生涯については、フランソワーズ・シャンデルナゴール女史が一九八一年に小説風に脚色した『王の小径』のなかで、みごとに描かれている。その副題は、フランス王の妻、マントノン侯爵夫人、フランソワーズ・ドービニェの回想である。伝記小説というジャンルは厄介なものである。実証的な研究の要求を損なわないで、物語としての鮮度を保っていることが望まれるからである。この書物のなかで、著者がみごとに成功しているのは、まさにその点である（ポケット版、一九九九年）。

▼ヴェルサイユの悪魔？——王弟妃プファルツ公女が見たマントノン夫人▲

ルイ一四世とマントノン夫人の結婚

「王があのマントノンと結婚したのか否か、私には知ることができません。多くの人びとは、彼女が王の妻であり、パリ大司教が王の聴罪司祭とマントノンの兄の立会いのもと彼らを結びつけたのだ、と信じています。しかし、そんなことは本当の話ではない、という人びともいます。実際のところは知ることができないのです。いずれにせよ、確実なことがあるとすれば、彼女に抱いているほどの情熱を、王はこれまで他の愛人に抱いたことがなかったということです」。

（一六八八年四月一四日　叔母ハノーファー選帝侯妃宛の書簡）

「間違いなく〔フランスに亡命中の〕イギリス王妃は、マントノンを王妃として扱ってはいません。地位について言えば、彼女自身もそのように扱われることを望んではいません。しかし彼女は、王妃と同じかそれ以上の敬意が払われることを望んでいるのです。彼女は、人びとがあらゆる事柄に関して彼女に意見を求め、彼女の助言ないし命令によってしか何事もおこなわれないことを欲しています」。

（一六九九年一一月一日　叔母ハノーファー選帝侯妃宛の書簡）

意地悪な「老婆」

「……王はご自分のことを信心深いと思っていらっしゃいます。もう若い女性と同衾することがないからです。王の神に対する畏敬の念は、つまらないことにこだわること、いたるところに密偵を放って出鱈目に人びとを非難すること、ご自分の弟君の取り巻きにおべっかを言うこと、そして皆を困らせることによって成り立っています。あの老婆、マントノンが王と王家の人びと全員を仲違いさせ、彼らを支配して喜んでいます。王弟殿下だけは例外で、彼女は王に向かって彼を褒めちぎります。彼女は、陛下が彼と上手く暮らせるように、そして彼が陛下にお願いしたことや陛下にとって同意しやすいことはすべて陛下がしてくださるように、立ち回っているのです。このことについては、あなたがもっと遠くにいてもお知りになられるでしょう。ところが、その裏でこの老婆は、自分が王弟殿下を評価していると思われることを嫌がっているのです。ですから、宮廷の誰かと話している時には、彼は縛り首より悪いだとか、

図17　プファルツ公女
エリザベート＝シャルロット

王弟オルレアン公爵フィリップの2番目の妃。プファルツ選帝侯カール＝ルートヴィヒの娘。家柄を重視し、君主家系でないにもかかわらず宮廷で権勢をふるうマントノン夫人を毛嫌いした。

何の役にも立たないとか、秘密を守れない不誠実で信頼のおけない、この世でもっとも堕落した男だとか言っているのです。

王太子妃はお可哀想です。彼女は王を喜ばせるために力のかぎり頑張っているのですが、あの老婆のせいで毎日ひどい扱いを受けています。彼女は倦怠と妊娠を繰り返して人生を過さねばなりません。……あの老婆は、もう一〇回以上も私と王太子妃を仲違いさせようとして、もし王と上手くやりたいならば私と絶対に縁を切るべきだ、と彼女に言いました。しかし王太子妃は、彼女がなぜ私に難癖をつけているのかを知ろうと思い、いっさいお答えにはならなかったのです」。

（一六八六年八月一一日　叔母ハノーファー選帝侯妃宛の書簡）

「マントノンについてお話しします。彼女は非常に自分の権力に執着しているので、王弟殿下が私の悪口を王に話すと、たいそう喜びます。彼女は何度も私をけしかけ、王弟殿下と喧嘩させようとしていたようです。というのも、しばしば彼女は、王弟殿下が王に向かって私を非難していると私に言わそうとしたからです。しかし私は、王は嘘と本当を吟味するに十分な公平さをもっておられる、と答えました。そしてまた、私は非の打ち所のない振舞いをするよう最善を尽くしているので、人びとが私に関して言い立てる嘘など気にすべきではない、なぜなら、嘘をついた人間は嘘をついたことを恥じるだけだ、とも答えました。……この老婆がどれほど意地の悪い悪魔であるか、あなたには想像もつかないでしょう。彼女は人びとを互いに反目させようとけしかけているのです。今、彼女は私に対し礼儀正しくしてはいますが、いつかわずかでも私のために働いてくれるなどと思ってはなりません。心の底では私を嫌っていますし、王も彼女の望むことなら何でも盲目的にしてしまうのです」。

（一六九六年三月七日　叔母ハノーファー選帝侯妃宛の書簡）

マントノン夫人の死（一七一九年四月一五日）

「私はマントノンの死が、〔ギリシア神話に出て来る怪物〕ゴルゴン姉妹のメデューサの死がそうであったように、そこからさらに多くの怪物を出現させるのではないかと恐れています。もし彼女がせめて三〇年ぐらい前に亡くなっていたのなら、あの可哀想なプロテスタントの信徒たちはまだフランスにいたでしょうし、シャラントン〔パリ東郊〕にある彼らの教会堂も破壊されることはなかったでしょう。……あの年老いた魔女が、イエズス会士のラ・シェーズ神父と一緒になって、これらすべてを企んだのです。すべての災いが、彼らふたりによって引き起こされたのです」。

（一七一九年五月一三日　異母妹ルイーゼ宛の書簡）

V

「ルイ一四世は身体を洗ったことがなかった」

寝台は隙間がなく、壁にぴったりとくっついていた。商人が続いて横になったので、ラ・ランキュヌは彼に尿瓶を取ってくれるように頼んだ。「それで、何をするのかね」と商人が尋ねた。「お前さんに迷惑をかけたくないんで、横においとくのさ」。ラ・ランキュヌは答えた。

スカロン『役者物語』第一巻、六章

⚜「文明化」の進展

身体へのまなざし、身体の運動、健康への気配りと実践行動は、文明化の段階とともに変化するが、それと同じく、身体を取り巻くものへの感受性も、時代や社会の状態とともに変化する。そこで、今日の私たちの目には、工業化時代以前の古い世界では、家族の厳しい生存状況や、皆の生活が農耕のリズムと厳格さに従属していたことが、原始的で胸の悪くなるような生活様式をつくりだしていたと映るのである。しかし、そうした見方は時代錯誤的である。過去の風変りなものが私たちに滑稽で面白おかしく思われるのは、私たちが理解できないものを笑ってごまかしたり、後世の暮らしの方が間違いなく優れていると私たちが勝手に思い込んでいるからである。

一七世紀を通じて、日常生活の細々とした所作や住環境のなかに、快適さや親密さへの新しい要求が現れていた。その当時新しいものとは、食卓でナイフやフォークを使う習慣、生活する部屋の専門化、衣装のかなりのゆとり、雑居生活の拒否、ご馳走の精巧さや心地よい香りの発見であった。礼儀作法の指南書は、ナイフやフォークの扱いの説明や、身体から音を発しないよう忠告することが必要であると教えていた。キリスト教学校団の創設者であるジャン＝バティスト・ド・ラ・サルが著した『礼儀作法の規範』（一七〇三年）は、相も変わらず手鼻をかんだり、貴婦人の前でタバコを噛む無作法を批判している。実際には、都市や宮廷での作法は大きく進化していた。アンリ四世時代の所作やしぐさに関する小話は、ルイ一四世と同時代の人びとには粗野で乱暴なものと映っていた。村の小さな学校や、教区での教理問答《カテシスム》を通して、集団的な礼儀作法や礼儀正しい言葉づかいの習得はゆっくりと社会全体に広まっていた。

給水問題と入浴

しかし、都市や個人の家で水を調達するのは、いつもたいへんむずかしい問題であった。使

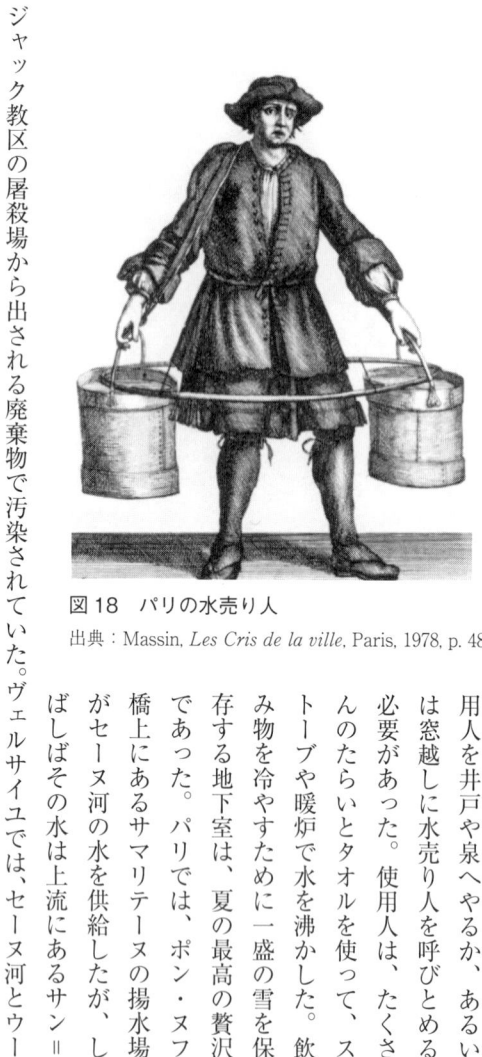

図18　パリの水売り人

出典：Massin, *Les Cris de la ville*, Paris, 1978, p. 48.

用人を井戸や泉へやるか、あるいは窓越しに水売り人を呼びとめる必要があった。使用人は、たくさんのたらいとタオルを使って、ストーブや暖炉で水を沸かした。飲み物を冷やすために一盛の雪を保存する地下室は、夏の最高の贅沢であった。パリでは、ポン・ヌフ橋上にあるサマリテーヌの揚水場がセーヌ河の水を供給したが、しばしばその水は上流にあるサン＝ジャック教区の屠殺場から出される廃棄物で汚染されていた。ヴェルサイユでは、セーヌ河とウール川から大量の水を取り入れる努力が、宮殿の整備のなかでもっとも長くて困難な改修工事を引き起こした。

実をいえば、入浴は一般的な習慣ではなかった。というのも、身繕いや健康の面で、水の効果がはっきりよいとは思われてなかったからである。身体を洗いすぎるのはよくないと医者が忠告するほどだった。にもかかわらず、パリには公衆の蒸し風呂があった。遊興のためパリに滞在しにやってきた外国人の名士や若い貴族は、お忍びで風呂屋の主人のところに投宿した。そこでは、ポーム競技やカード遊びができたほか、食事の出前をとったり、娼婦を迎え入れることさえできただろう。このような施設の評判は、もちろん芳しくなかった。

さらに、身繕いの実践は、非常に強烈な恥らいの感情によって制約されていた。どんな状況であっても、裸は不快感を与えた。裸の場面は、「寓話の神々」を描いたり、彫刻したりするいたずら心、すなわち、神話を題材にした艶事という猥褻な気晴らしに限定されていた。事実、裸は恥ずべきもので、入浴も洗浄も下着をつけたままでおこなわれた。日常的な家庭生活のなかでも、あるいは暑い日の時でも、人びとは何らかの衣類を身につけており、うちとけた場でも、恋人同士が抱擁する場でも、娼婦が誘惑してくる場でも、裸になることはなかった。旅人や兵士、あるいは貧民がひとつの寝台を数人で共有しなければならない時があっても、恥じらいの作法の尊重を妨げるものではなかった。身分の高い人びとについては、男性も女性も、私たちが面白おかしく想像するのとは異なって、彼らは使用人や侍女の前に衣服を身に着けないで姿を現そうとはしなかった。

ルイ一四世の身繕い

ルイ一四世の場合、身繕いは、実際のところ、朝の八時頃におこなわれる「小起床の儀式」の時に、エチルアルコールを含ませたタオルを使うだけに限られていた〔第一章のコラム（一）を参照〕。

図19　貴婦人の入浴

出典：S. C. Maza, *Servants and Masters in Eighteenth-Century France*, Princeton University Press, 1983, p. 188.

その時、王を起こす係の侍従、年老いた乳母（彼女は亡くなる一六八八年まで毎日やってきた）、さらに王の侍医長が下着姿の王を見た。王が衣服を着替える時、あるいはズボンをはく時には、王の前にガウンが張られ、王の裸を隠した。それに続いておこなわれる「大起床の儀式」に列席を認められた貴顕たちは、すでに衣服を身に着けた王が髪をとぎ、髭を剃り、服装を整えてもらう姿しか目にできなかった。このような細々としたことは、今日の私たちには品がよくないように映るけれども、その時代につきものの雑居状態や、トイレ用の椅子に腰掛けたまま会話するのを不快に思う人はいなかった。

　夜になって、鏡の前でオーデコロンに浸したタオルで身体を冷した後、王は下着にナイトキャップという姿で、聖遺物が入った首飾りをつけて床についた。したがって、目覚めの時も就寝の時も、身体の手入れはわずかなことに限られていた。君主の一日の初めと終わりの儀式に列席する奉公人や宮廷人の雑踏はあっても、その時代の恥じらいの感情は尊重されていたのである。

まとめるなら、ルイ一四世の自分の身体に対する立居振舞は、その当時の習慣、規範、好き嫌いと何ら変わったところがなかったといえば十分であろう。

▼ジャン＝バティスト・ド・ラ・サル『礼儀作法の規範』（一七〇三年）▲

一〇四－〇－〇四七

毎朝、白い布を用いて顔を拭って汚れを落とすことは清潔なことである。水で顔を洗うことはあまりよろしくない。なぜなら、そうすると、冬は顔が寒気に、夏は日焼けに敏感になるからである。

どの部分であれ、顔を素手でこすったり、さわったりすることは礼儀に欠ける。必要がない時にはなおさらである。そうしなければならない時、たとえばごみを取るような時には、指先でそっとせねばならない。また、暑さのせいで顔を拭わねばならなくなったら、ハンカチを使わねばならず、あまり強くこすったり、両手を使ったりしてはならない。

一〇四－〇－〇四八

顔にごみや泥をつけたままにしておくのは礼儀に反する。しかし、人前で顔を拭くのはご法度である。皆でいる時に顔の汚れに気づいたら、顔を帽子で隠してそれを取らねばならない。

VI

「ルイ一四世には、鉄仮面で顔を隠した双子の兄弟がいた」

仮面の黒いビロードが、喉の白さをいっそうきわだたせている。

フュルティエール『汎用辞典』一六九〇年

鉄仮面現る

ルイ一四世の治世のなかで、新しい抑圧機関となったのが警察《ポリス》という制度で、法の適用や犯罪の探索を任務とした執行機関として構想された。それ以前に、「ポリス」という言葉は、きわめて広い意味で用いられており、行政と同義語であった。

それまでは、ユリの花の紋章をあしらった鎧下〔鎖鎧の下に着る袖付胴着〕で表象される騎馬憲兵隊《マレショセ》の一団が形ばかりの象徴的な役割を担っていたが、その数は、一五〇〇―二〇〇〇万

図 20　警察 (ポリス) の寓意画（「安全」の女神を従え、兵士に犯罪者を取り締まらせている「正義」の女神）

出典：E. Lavisse, *Histoire de France illustrée,* New York, 1969（1900-1911）, p. 304.

人の住民が暮らすフランス全体で数百人と限られたものであった。一六六七年にパリで、ついで他の都市でも創設された警視庁は、地区の警視、捕吏、巡査、警吏をもち、すぐさま有効なものとなった。しかし同時に、それは大都市における社会関係を変えた。警察当局は、賭博や売春といったいかがわしい界隈を熟知する「蠅《ムーシュ》」と呼ばれる密偵のネットワークをもっていたようである。正確さよりも効果を重んじる治安の必要性が、諸制度に対する公権力の態度を徐々に変えようとしていた。長い間、国王裁判所は沈着で博識、時には厳しいが、いつも真理を望んでいると考えられていた。これ以後、司法と並行してはいても、本質的に司法とはまったく異なる目的と方法をもった警察の基礎がつくられたのである。

同じように、国家的理由によって、ヴァンセンヌやバスティーユといったいくつかの要塞には、数はそれほど多くはなかったけれども囚人が送り込まれ、裁判所の認可なしに、ただ封印状だけで留置されていた。フーケが監禁されていたフランス領の飛び地であるピエモンテ地方のピニュロルの要塞や、地中海のカンヌ沖合のレラン諸島にあるサント＝マルグリットの要塞もまた、そうした極秘の活動に使用されていた。ところで、たまたま一六八七年にレラン諸島のこの要塞が廃止されたことから、サン＝マールという名の総督で元銃士隊の士官は、五、六人の囚人をバスティーユに移送しなければならなくなった。プロヴァンス地方からパリまでの道中、彼は宿駅で囚人のうちのひとりに仮面をつけるのが賢明だと考えた。この用心深さは、単に過度の仕事熱心に基づいただけだったようである。

その当時の流行のなかで、仮面の使用は今日ほど奇抜なものではなかった。普段の日に仮面をつけるのは、艶事、祝宴、慎み深さを意味していた。いずれにしても、仮面の囚人は人目を引いた。手書きの瓦版——「手書き新聞」と呼ばれていた——が、この謎に満ちた出来事を記事にした。誰がこのような人目につく行為を認めたのかが問題となった。この出来事が、鉄仮面をめぐる数知れない噂話や、その人物の正体に関する信じられないような仮説の起源となった。

鉄仮面は誰か

ルイ一四世の存命中にすでに流布していた初期の噂話では、不思議に思われていたいくつかの謎めいた失踪事件が引き合いに出された。たとえば、アンリ四世の孫で、フロンドの乱（一六四八年から一六五三年にかけてのルイ一四世の未成年期に、その財政政策で不人気だったマザランに対して起こされた反乱）の立役者で、一六六九年のカンディ（クレタ島とヘラクリオン市の旧名）占領の際、トルコ軍によって殺されたボーフォール公爵とか、あるいは、ラ・ヴァリエールとルイ一四世との間に生まれ、一六八三年に非常に若くして亡くなったヴェルマンドワ伯爵である。

ルイ一四世の兄弟説は一七〇〇年頃に現れた。それは、一六九二年にドイツのケルンで刊行されたスキャンダラスな小説『アンヌ・ドートリッシュの情事』から想を得たものと思われる。その作品の匿名の著者は、アンヌ・ドートリッシュの夫である国王ルイ一三世に子どもをつくる能力がないと思われたので、宰相リシュリューが王妃を孕ませたのだと想像をめぐらせた。この品のよくない、ありそうもない逸話が反響を呼んだのは、よくできた筋立てによるのではなく、ルイ一四世を王位簒奪者にする王朝の正統性にかかわる意味合いがあったからである。一七五一年、ヴォルテールはベルリンで『ルイ一四世の世紀』を出版したが、彼はこの類のエピソードを知悉しており、そこから面白そうな筋の素材を引きだした。彼は、論争をひき起こすというよりも遊び心で、囚人が王その人にそっくりだったと仄めかすことで、王家のやり方を咎めだてたのである。

それほどに輝かしいお墨付きがあったので、この事件は何度も蒸し返された。それは、君主個人の正統性を疑問視することによって、君主権に対抗する武器となった。鉄仮面の強制は、金属の仮面によって激しい苦痛を受けた哀れな人への野蛮な行為、拘禁、拷問だっただけでなく、政治的に重大な王位の簒奪ともなった。一七八九年の夏、バスティーユの土牢のなかから、鎖につ

図 21　バスティーユで発見された鉄仮面の骸骨

フランス革命期に作成された版画。バスティーユは王政による圧政の象徴とされ、鉄仮面をはじめ無実の政治犯が多数収監されていたとされた。

出典：B. Melchior-Bonnet, *La Révolution et l'Empire, 1789-1815*, Paris, 1988, p. 11.

ながれた状態のまま鉄仮面を被った骸骨が発見されたとの主張がなされた。そこからお粗末な版画がつくられた。

同じこの騒がしい年に、ドラ＝キュビエールという名のほとんど知られていない作家が、ひとつの史話を出版した。そこでは、今度はアンヌ・ドートリッシュが双子を生み落としたとされた。最初のひとりだけがお披露目され、ルイ一四世となった。二番目のもうひとりは別のところで育てられ、後にマザランに発見され、一生涯拘禁された。兄とそっくりなことは、鉄仮面の下に永久に隠された。よくご存じのとおり、ロマン派の作家たちが、これほどに波瀾万丈のテーマを見逃すはずはなかった。アレクサンドル・デュマは、ドラ＝キュビエールが世に出した双子の物語を膨らませた。彼はこれを『ブラジュロンヌ子爵』

のひとつのエピソードとして割り振った。そこでは、銃士たちが鉄格子の扉のついた四輪馬車に閉じ込められた見知らぬ貴公子の護衛の任を引き受けている。

ルイ一五世時代には、王自身が噂話を気にして調査をさせた。王に提出されたもっとも信用に足る解釈は、イタリア人の名士であるエルコレ・マッティオーリ（一六四〇－一六九四年）を名指ししていた。マントヴァ公爵の密使として、彼は一六七八年三月、公爵の属領であるモンフェラトを今一度占領させること、またカザルに駐屯部隊を置くことをフランス人に認める秘密条約に署名した。その後マッティオーリは、ピエモンテと神聖ローマ帝国にこの秘密を売り渡し、条約が実行に移されるのを妨げようとした。その件で、彼は一六七九年五月に逮捕され、死ぬまで拘禁された。イタリアの大碩学ルドヴィコ＝アントニオ・ムラトーリはこの説を確認している（一七四九年）。そこで、この解釈は、きちんと証明が施されたように思われた。この説は、多くの歴史家たちによって繰り返された。そのうちのひとりには、フランツ・フンク＝ブレンターノもいた（一八九四年）。彼は、バスティーユの攻撃の際、焼失を免れた古文書が保管されているアルスナル図書館の司書であった。

⚜プティフィスの新説

近年、ひとりの優れた研究者ジャン＝クリスティアン・プティフィスが古文書の追跡調査を再開し、一〇〇〇点あまりの鉄仮面の謎に言及したいわゆる歴史書や、まったくのフィクションに目を通した。網羅的で説得力のある実証研究により、彼はもうひとりの国事犯であるウスタシュ・ダンジェという人物の名をあげている。この人物は、一六六九年七月にダンケルクの要塞司令官によって逮捕された。その当時、彼は、ルイ一四世、王の義理の妹であるアンリエット・ダングルテール〔イギリス王チャールズ一世の娘で、王弟フィリップの妃〕、そして彼女の兄であるイギリス王チャールズ二世の間の秘密交渉に従事していた。この交渉は、三年後に効力を発することになる対オランダ戦争〔第三次英蘭戦争〕の準備という性質をもっていた。その時検討されていたのは、チャールズ二世の宣誓文のひとつで、カトリックへの改宗を正式に表明するというものであった。ダンジェは信義関係、あるいは必要不可欠な慎み深さを守り通せなかったようである。それが彼の命取りとなった。一六八七年の移送の際に仮面をつけていて人目についたのは彼であった。このような異常ともいえる用心が必要とされたのは、チャールズ二世の選択が漏洩すれば、イギリスの世論が沸騰するということであった。イギリスの世論はかなり熱狂していたので、ダンジェの監禁は一六八五年のチャールズ二世の死後も、さらには一六八八年のプロテスタントによるクーデタ〔「名誉革命」〕の後でさえも、そのまま維持された。

ジャン＝クリスティアン・プティフィスの研究は、西ヨーロッパの想像世界のなかで、まったく取るに足りない逸話が果たす驚くばかりの反響の大きさを推測させてくれる。プティフィスは、今日にいたるまで、この寓話やこの神秘的な犠牲者を扱った二〇本ほどの映画を数えることができた。既成概念の変遷や、噂や伝説の広がりの分析という点で、それは研究の真の手本となるものである。

▼監獄、裁判、集団的想像力▲

啓蒙の時代において、恣意的な投獄に対する告発は、もっとも重要な政治的テーマで、作り話の常套句とさえなった。ある行政手続きが、とくに「啓蒙思想家」の憤激を買った。すなわち、一通の密封の書状だけで王の命令を通達するやり方で、その書状には王の封印が押されてあったので、公文書の用語では「封印状」といい、勅令や王令によって届けられる一般的な法的手段である公開王状や、顧問会議の裁決によって取られる特別措置とは区別される。たとえば、家族の利害にとって、あるいはごく例外的なことだが国家の安全にとって危険だと見なされた個人を逮捕しなければならない場合、このような決定は封印状の簡略な用紙に書き込まれた。こうした機会は比較的稀なことではあったが、大臣は訴訟という正式な手続きを取らずに囚人を獄舎に送ることができたのである。

一八世紀には新しい司法上の要求が現れ、もはやこうした普通法の例外を許さなくなっていた。高徳ぶった世論は、実際のものであれ、仮定されたものであれ、司法上の過ちに対し、あるいは大臣を怒らせたばっかりに監獄に入れられた有名無名の囚人の境遇に対して、感情的になっていた。こうした世論は、常軌を逸したことがしばしば起こるのも、これらの権利の濫用のせいだと見なすにいたった。封印状とバスティーユへの投獄をめぐる空想は、ルイ一六世の治下に頂点に達した。一七八九年七月一四日に解放された哀れな囚人が七名しかいなかったという明白な事実

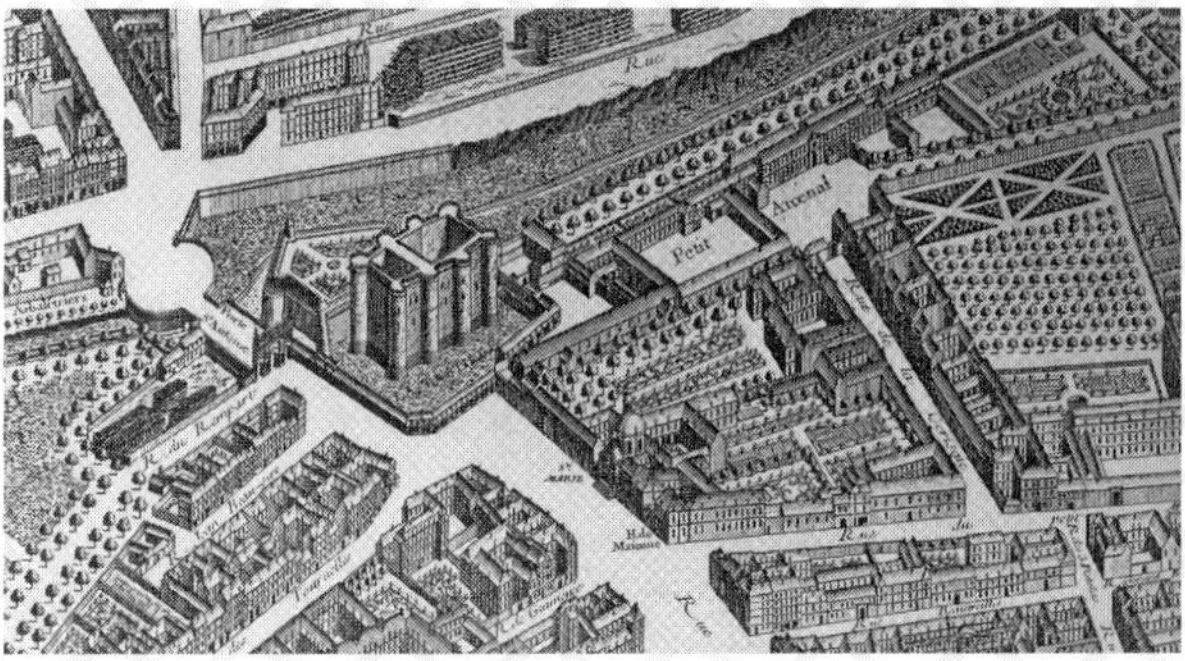

図 22　バスティーユ牢獄

出典：柴田三千雄『フランス革命』岩波書店、1989 年、1 頁。

も、この幻想を霧消させることに成功せず、皆知っているように、この幻想は共和政創出の神話となった。

実際のところ、旧体制下のフランスにおいては、刑事罰に禁固刑はなかった。法的に見れば、裁判所の牢獄に収監されていたのは、判決を待つ被告と負債のために捕らえられた人びとだけだった。有期追放刑というもっとも軽い刑罰と死刑というもっとも重い刑罰の間で、犯罪に対する通常の刑罰はトゥーロン港に停泊するガレー船送りだった。刑務所システム、すなわち懲役刑の一般化および監獄の組織的建設は、もっと後になってからのものである。つまり、それはフランス革命期に生れた諸体制がつくりあげたものなのである。

▼ヴォルテールが伝える鉄仮面伝説▲

この謎の人物は、一七〇三年に死に、夜中にサン＝ポール小教区に葬られた。驚きを倍化するのは、この人物がサント＝マルグリット島へ送られた時、ヨーロッパでは、重要な人物は一人として姿を消していなかったことである。この囚人は、おそらく、重要な人物だったのだろう。なぜなら、彼が島にいた最初の頃、以下のようなことが起こったからである。（……）ある日のこと、この囚人は、銀の皿にナイフで何かを書き、窓から塔のほとんど真下の岸壁にいた舟に向かってこの皿を投げた。（……）漁師がこれを拾って、〔島の〕総督のところへ届けた。総督は驚いて、漁師に聞いた。「お前は、この皿に書いてあることを読んだか、また、お前がこれをもっているのを誰か見たものはないか」と。漁師は答えた。「私は字が読めません。お皿は今見つけたばかりで、誰にも見られてはいません」と。この男は、全然文章を読んでおらず、皿も誰の目にもとまっていないということが総督にわかるまで留置された。総督が言った。「もうよい、お前は字が読めないおかげで幸運だった」。（……）この不思議な秘密を知っていたのは、シャミヤール氏が最後の大臣だった。二代目のラ・フイヤード元帥、つまりこの大臣の娘婿が筆者〔ヴォルテール〕に語ったところによると、彼の岳父が息を引き取ろうとした時、彼は側に跪いて、一般に鉄仮面の男という名前でしか知られていない人物は、そもそも何者であるか、それを教えていただきたいと懇望した。するとシャミヤール氏は、これは国家の秘密で、絶対に口外しないという誓いを立てている、と答えた。

ヴォルテール『ルイ一四世の世紀』一七五一年

図 23　チェロをひく鉄仮面

第2部

ルイ14世時代の諸事件

「騎馬姿のルイ 14 世」

ジャン・アデマール／坂本満、吉川逸治編『世界版画大系
Gravure d' Occident IV』筑摩書房、1973 年。

VII

「ルイ一四世は最初の絶対君主だった」

王に話しかける時は跪かねばならない。王族の部屋では起立していなくてはならない。これらの義務を拒むことは、愚かな振舞いであり、精神の卑しさの表れである。

パスカル『パンセ』「大貴族の条件に関する三つの講話」一六七〇年版

✤「絶対王政」とは何か

たいていの歴史家たちは「絶対主義」出現の責任をルイ一四世に帰し、この統治形態の始まりを一六六一年の王によるクーデタに求めている。この年、この若き君主は、自分ひとりで統治することを宣言したのだった。

この絶対主義という名詞は一九世紀につくられた言葉で、一七八九年に君主ひとりだけが行使しているとされた権力を要約し、弾劾するために用いられた。この言葉は一般に「アンシアン・レジーム」と呼ばれる、フランス革命期に廃棄された価値観や諸原理の総体の政治版として認識され、選挙による議会に立脚した来たるべき体制と正反対のものとされた。それとは逆に、王につけられた「絶対的」という形容詞は、一七世紀の語彙に属している。ただしその意味は、この時代以降変化して、徐々に「専制的」という意味を帯びるようになった。そもそも君主を「絶対的」と呼ぶ時には、君主の権力があらゆる束縛から自由であること、誰にも従属していないことを意味していた。もっと正確に言うなら、近世という時代において、それが言おうとしていたのは、彼が神聖ローマ皇帝ないしローマ教皇の後見には従っていないということだった。王国のなかでは、彼が生きた法律であるというまさにその理由で、王は絶対的だったのである。

制限される王権

とはいえ、王の権力はキリスト教の倫理によって制限されていた。この倫理は空虚な言葉などではなかったのである。あるいはまたその当時の表現でいうならば、王の権力は人の法〔万民法〕によって制限されていた。この時代には明白だったこれらの規準に照らせば、王は司法当局の決定がなければ、臣民の生命を奪うことができなかったし、同意がなければ臣民のどんなわずか

図 24　顧問会議を主宰するルイ 14 世

出典：G. Duby, *Histoire de la France*, t-2, Paris, 1971, p. 183.

な財産であっても取り上げることができなかった。つまり王は自国のさまざまな法に、わけても「王国基本法」に従っていたのである。この慣習法の集合体は、とくに王位継承にかかわる事柄を規定し、とりわけ君主が継承順位を変更したり、遺言という手段で後世の政治に影響を及ぼそうとすることを禁じていた。それゆえ、ルイ一三世とルイ一四世の遺言は、それぞれ王の死後、パリ高等法院によって破棄されたのである。

　これらの規定や制限は、中世にはすでによく知られていた。パリから管理される地方財政機構の創出、〔最終的に〕高等法院という最高裁判所への上訴に従う国王裁判所の全国的な広がり、大規模な常備軍の整備、こうした新機軸は、一六世紀から一七世紀にかけて軌道に乗った。これらの革新は、王国行政の効率化や統一、そして集権化といった必要に応えるものであったが、現代人ならすぐさま「専制的」と批判したであろう君主権の腐敗と同一視されることはなかった。まぎらわしい混同を避けるために、一部の研究者たちはルイ一四世が実践したこの統治様式を指し示すのに、「行政的君主政」あるいは「財政国家」といった用語をしばしば用いている。この「財政国家」という表現は、当然のこととして、以下のことを思い起こさせる。すなわち、それ以前は司法が君主の第一の務めと見なされ、国王裁判の最高官僚である大法官がきわめて重要な役割を担っていたが、一六六一年以降は（そして今日まで？）財政問題の重要性が、非常に権勢のある財務総監を大臣の頂点へと押し上げることになったことである。

諮問機関としての身分制議会

国家の財源に関して、当時の考えでは、王は自分の領地からの通常の上がりで暮らし、特別な場合にしか税に頼るべきではないと見なされていた。そうした非常時においても、王は社会を構成する三つの階層ないし身分を召集し、地方規模あるいは全国規模の集会を開き、王国の代表から同意をとりつける必要があった。そういうわけで、一五六〇年から一六一四年にかけて、五回の全国三部会が開かれた。さしあたっては政治の難局を解決することが求められていたが、多くの場合、もっと長期的な視野に立って、王は三部会に対し法の改善を期待していた。いくつもの重要な決定が三部会でなされている。たとえば、聖職者は「献上金《ドン・グラテュイ》」と呼ばれる分担金を毎年支払う義務を課せられ（一五六一年）、この義務はその後二世紀以上にわたって続くことになる。あるいはまた、王はカトリック信者であることが原則とされ（一五八八年）、この原則はアンリ四世に宗教戦争を終わらせる手段を提供した。

三部会が終わる度に王に提出される決議は、しばらく経った後、改革大王令としてまとめられた。たとえば、一六一四年の全国三部会の法案は、新たに名士会によって審議された後、法令集にまとめられた。この法令集は、大法官ミシェル・ド・マリヤックの手でまとめられたので、ミショー法典と呼び習わされている（一六二九年）。フロンドの乱という危機の時代にもまた同様に、全国三部会が七回も召集された（一六四九年から一六五二年まで）。しかし、軍事的な危機を口実に、いつも最終段階で実際の開催は延期された。とはいえ、三部会代表はすでに選出され、陳情書も作成されて、国内には政治的な期待が高まっていた。幼王ルイ一四世の叔父オルレアン公爵ガストンは、全国三部会の利点に気づいていた。しかし、この全国三部会という打開策は、コンデ親王とマザランの相対立する野心にぶつかった。彼らは互いに自分の党派のなかにあって、自分たちの利益のために、三部会を利用しようとするばかりだった。

一五六〇年以来何度も、定期的な身分制議会の開催を求める声が出された。もし、選挙による議会の定期的な開催が承認されていたなら、フランスの政治形態は、その段階で世論を絶え間なく取り入れることで、すっかり変わっていただろう。こうした身分制議会に立脚した制度は、当

図25　ブルターニュ地方三部会

ブルターニュ地方は1532年にフランス王国に併合されるが、その後も直接税の徴収は地方三部会の同意のもとおこなわれた。

出典：P. Goubert et D. Roche, *Les Français et l'Ancien Régime*, t-1, Paris, 1991（1984）, p. 260.

時の用語で「混合王政」と呼ばれ、けっして夢物語の発想ではなく、むしろありふれたものだった。こうした制度は、イギリスやスカンディナヴィア諸国、さらにはスペインの王冠を戴く地域のすべてで機能していたのである。一六六一年に二二歳のルイ一四世が王として職務に全身全霊を捧げることを決意した時、独裁的な政治形態が唯一の選択肢だったわけではなく、政治的な数多くの可能性が開かれていた。当時完成の域に達していた代表決定機関に頼らなかったのは、あくまで彼個人の決断だったのである。

自分のお手本であるマザランと同様、ルイ一四世は原則よりも直観で行動した。事実、親政開始当初、彼は制度上の運営にかかわることをほとんど変えていないように見えた。それぞれの地方では、地方長官と地方総督の制度が維持され、君主の周辺では大臣や専門分化した各種顧問会議が残った。彼は本能的に秩序と道理という格言に愛着をもっていた。だから彼は、法の統一と編纂の企図を全面的に支援したのである。それとは対照的に、これと同じ経験主義がいくつかの地方に存続する身分制議会の廃止を妨げていた。そのような地方は王国の三分の一を占めている（ブルターニュ地方、ブルゴーニュ地方、ラングドック地方など）。たとえば、彼は大臣たちの意見に逆らって、ピレネー地域の小さな議会、すなわちバスクやナヴァールの議会を誠実に残しておこうとした。こうした保守的な態度の動機は、おそらく思慮深さと賢明さにあるが、それだけでなく、たぶん彼がナヴァール王という響きのよい称号を有していたためであり、そしてベアルン人・バスク人・ガスコーニュ人の誇りを傷つけることに恐れを抱いていたからであろう。彼らは、ピレネー山脈のスペイン側の斜面で機能していた類似の決定機関〔身分制議会〕と比肩できると考えていた。

ルイ一四世の政治改革

実際のところ、ルイ一四世の統治様式は、ふたつの決意にはっきりと現れている。そのひとつは、選挙で選ばれた代表者たちへの諮問という慣行を、そっと秘かになくしたことである。もうひとつは、もっと派手に、高等法院に打撃を与えたことである。過去二、三世紀の間、君主の権力は、全国三部会の会合と最高諸法院と呼ばれる複数の裁判所による統制、これらふたつの一種の法的制御装置によって制限されてきた。事実、一六四八年には、パリの最高諸法院は統治形態の代替案を提示することができた。そこでルイ一四世はすぐさま高等法院の特権を厳しく制限することに決め、一六七三年にはそれらから最高諸法院の称号を取り上げ、もはや「上級諸法院」としか呼ばなかった。何よりも彼は、諸法院が勅令を登記した後で建白権を行使するよう求めた。

しかし、だからといって、司法官の威信が低下したわけではないことは確認しておこう。司法権は法の知識のことであり、それゆえ、彼らの完全な権利であるとの評判を勝ちえていた。それらは臣民の信頼を得ていたのである。たとえば、臣民が王領の問題で訴訟に勝つことは不可能ではなかったし、小農民が請負人や領主に有罪判決を下させることもできた。また、寡婦や孤児が自分たちの権利を認めさせることも可能だった。しかしそれでもやはり、ルイ一四世のあのふたつの決意が、長い間当たり前のこととされていた君主政の伝統を断ち切り、新しい統治形態の端緒となったことに変わりない。これほど単独的で個性的な統治形態は前例がなかった。

ルイ一四世は権力の不可分性と正確で熟慮された知識とを結びつけようとしていた。彼は専門的な審議をぬきに前へ進まなかったし、国家の集合的利益のなかでしか行動できないと信じていた。自分の正統性に自信があったにもかかわらず、彼が執念深く権力を行使しようとしていたのは、公共の利益であると考えていたものを展望してのことだった。数十年経つうちに、この管理方式は、さまざまなイデオロギー的な文脈のなかで、多くのヨーロッパ諸国で模倣されるようになった。これら数々の政治的経験は、「啓蒙専制主義」という一般的なレッテルのもとにまとめられている。この政体において王国の運命を左右するのは、揺るぎない王位の正統性に基づき、独裁的で異論の余地なき指導者であり、それと同時に博識で思慮深い管理者でもある、ひとりの君主であった。ところが、〔一八世紀になると、そうした政体をよしとする〕時代はすでに過ぎ去ってしまい、君主がもつさまざまな大権はいっそう抑圧的で、より根拠の薄いものと見なされるような別の政治的段階に入っていたのである。ルイ一四世は実際のところ、一八世紀のこれら専制的な改良主義者たち〔いわゆる啓蒙専制君主〕の先駆者だったのである。

王位継承の正統性、伝統によって課されていたさまざまな制約、法を尊重するその姿勢、そしてもっと単純に手段の貧弱さといった理由から、バロック時代の絶対権力を二〇世紀の全体主義と混同できないことはいうまでもない。それが今日の民主的で自由主義的な諸国家が我が物としている権力からもまったく遠いものであったことも付け加えておこう。いわゆる絶対王政の時代において、為政者は、現代の社会が認めているように思われる多くの分野に介入することなどなかったのだ。

▼手足と胃袋▲

私は国王のことから
私の書物を始めるべきだった。
ある面から見るならば、
胃袋は国王の象徴である。
そこに何か欠乏すれば、からだ全体が影響をうける。
胃袋のために働くのが嫌になって、手足は
それぞれ、貴族として、何もしないで
暮らすことにきめた、胃袋を見習えというわけで。
「われわれがいなければ」と彼らは言った。「彼は空気を吸って生きねばならない。
われわれは駄獣のように、汗を流し、つらい仕事をしている。
そもそも誰のために？ ただ彼のために。われわれは何の得もしない。
われわれの労苦は結局、彼に食事を提供しているにすぎない。
仕事をやめよう。それがわれわれに彼が教えようとしている仕事だ」。
こういうと、すぐに実行。手は取ることをやめ、
腕は動くことを、足は歩くことをやめる。

みんなは胃袋に、何でも自分で探しにいったらよかろう、と言った。
これは間違いで、彼らはそれを後悔した。
やがて、あわれな連中はすっかり衰弱してしまった。
心臓には新しい血液がつくられなくなった。
手足はみんなそのために苦しみ、力がなくなった。
こうしたことから、謀叛を企てた連中にも、
怠け者でぶらぶらしていると思っていた者が、
彼ら以上に共同の利益に貢献していることがわかった。
このことは国王にもあてはめることができる。
王が受けて与える、同等のものを。
すべてが王のために働き、そのかわりに、
すべてが王から食いぶちをひきだす。
彼は職人を労働によって生活させ、
商人を富ませ、役人に俸給を与え、
農夫を保護し、兵士に支払い、
いたるところで王者の恵みを施し、
ひとりで国家全体を維持していく。

メネニウスはそれをわかりやすく語ることができた。
平民たちは貴族たちから別れていこうとしていた。
不平分子は、貴族だけが国土、権力、
財力、名誉、地位をもっていて、
年貢、税金、兵役、
骨の折れることはすべて自分たちの肩にかかる、と言った。
人民はすでに市の城壁の外にたむろして、
多くの者はかの土地を求めていこうとしていた。
その時メネニウスが彼らにわからせた、
人民は手足と同じようなものであることを。
そして、寓話のなかでもよく知られているこのたとえ話によって、
彼らをその任務へつれ戻した。

ラ・フォンテーヌ『寓話』第三部、一六六八年
イソップ「胃袋と足」に基づく寓話

VIII

「フーケの処罰は不公平極まりないものだった」

神を称えてください、貴方、そして神に感謝してください。私たちの可哀想なお友達は救われたのです。

一六六四年一二月二〇日　ポンポンヌ〔後の外務卿〕に宛てたセヴィニェ夫人の手紙

財政長官ニコラ・フーケ

ニコラ・フーケ（一六一五―一六八〇年）の生涯は人びとを魅了する。一六五三年以来の財政長官、気前がよくて見識もある学芸の保護者となり、実力もあって、皆からも称賛されたこの人物が、一六六一年九月、突如国事犯とされ、一六六一年から一六六四年まで、不公平極まりない裁判の犠牲者となった。そして最後は、僻地の牢獄で孤独な死を迎えた。彼の生涯は、歴史家や小

図26　財政長官フーケ

説家たちにインスピレーションを与えて復讐の物語を書かせ、フーケを告発したコルベールの腹黒さと偽善、そしてフーケの失脚に執着した王の冷酷で狭量な振舞いを暴き出させようとする。

しかし、まずは事実に目を向けよう。フロンドの乱の末期、マザランが権力に復帰できたのは、パリ高等法院の検事総長にして才気溢れる政治家であったニコラ・フーケの巧みな工作に負ったところが大きい。その働きに対する感謝のしるしに、一六五三年二月、まだ多くの地方がコンデ親王を支持していた時期、枢機卿マザランは彼に財政長官の職を委ねた。フーケは九年近くの間この職にとどまることになるが、それは、マザラン内閣の稀に見る長命のおかげだった。彼はマザランの全幅の信頼を得ていた。そのマザランは前任者のリシュリューと同様、王国内の問題にはあまり関心を払わなかった。

スペインとのいつ果てるとも知れない戦争の費用を賄おうとして、フーケは短期的な財政運営から抜け出せず、急場しのぎの策を用い、人頭税に頼って農村部を疲弊させていた。彼は国家につきまとう信用貸付に頼ったり、自分の世才や王国財政での個人的な利益分配の経験を利用する術を心得ており、こうして金融業者から前借を続けることに成功したのである。しかし、毎年更新されるこの国庫収入は、見せかけに過ぎず、借金は膨らみ続け、官職売買にますます頼るようになり（新しい官職の創設と俸給支払いの増大）、国の資産も売却された（王領の割譲）。そのうえフーケは、財政上のテロリズムを続け、強化さえしていた。〔人びとが税を支払わない場合は〕軍隊を宿泊させたり、騎馬衛兵に急襲させたりするなどして、武力をもって人頭税や通関税や塩税を徴収した。マザランがピレネー条約を締結できたのは（一六五九年一一月七日）、こうした代価を払ってのことだった。一六六一年三月九日にマザランがこの世を去った時、彼が残した王国は国境地帯では勝利し平和を得ていたが、破産状態だったのである。

フーケの逮捕

マザランの死の直後から早速、自ら統治しようとしたルイ一四世は、借金の大きさと国家財政の無力を教えられ、それと同時に、マザランが蓄えた尋常ならざる個人資産をも知らされた。その情報提供者は、この政策の中心人物のひとりで、枢機卿の財務監察官、ジャン＝バティスト・コルベールだった。経験の浅い王は、おそらく困難の大きさに気づいたことだろう。しかし世論はずっと前からそのことを知っていた。その時の世論は、リシュリューとマザランの三〇年に及ぶ血も涙もない財政上の乱脈に終止符が打たれることを待ち望み、誰もが若き君主によって財政

図27　コルベール

問題が引き受けられることに希望を見出していた。財政長官フーケは、ここ数十年、忌み嫌われていた徴税政策を体現するという大きな過ちを犯していた。五月にはすでに、コルベールはフーケをお払い箱にするよう王を説得できていたようである。

一六六一年九月五日、フーケはブルターニュ地方三部会が開かれていたナント城を出たところを銃士隊長ダルタニャン卿によって逮捕された。その場に居合わせた人びとはびっくり仰天した。王の一撃の巧みさはすぐ明らかとなった。というのも、囚われの財政長官を乗せた四輪馬車には、ナントからパリまで民衆の激昂した罵りの声がついてきたからである。ほどなく財政長官の職が解かれ、王はひとりでその職を引き受けると主張した。しかし実際は、この時からすでにコルベールが、肩書きこそ響きのよくない財務総監ではあったが、財政長官と同じ役割を演じ、二〇年以上にわたってそれを維持していくことになった。

フーケ裁判

自分の策略を完成させるため、王は一一月に勅令を発して特別裁判所を設置し、財務官たちの会計報告を調査させた。彼らは国庫に貸付をおこなったり、徴税請負に参与したりするなどして公金から利益を得ていた。特別裁判所の設置は伝統的なやり方で、全国三部会は絶えず設置を要求してきたし、アンリ四世の治世以来、定期的な開催が求められていた。事実、税の徴収は、他のヨーロッパ諸国と同じように、金融業者の一団に委ねられ、当時の政府にはそれを直接引き受ける手段もなければ、考えさえもなかったのである。だからこの徴税システムは、書類のごまかしを正し、罰金を徴収し、場合によっては徴税請負関係者に刑事罰を加えることによって、定期的に補正されてきたのだった。今回は一六三五年以来の、つまりリシュリューが望んで始めた戦争以来の、財務官たちによる会計報告を点検することを口実に、大鉈を振るうことになったのである。かつてフロンド派に与した地方の不満は、この方法によって主張の正しさが認められた。一六四八年のフロンドの乱の教訓は、すべてが無駄だったわけではなかったのである。

この制度の実施は熱烈な歓迎をもって受け入れられた。マザランのやり方は、その関係者たちやそこから甘い汁を吸っていると見なされた人びとともども、公式に裁判にかけられた。

フーケの裁判は、そのために選ばれた二二名の裁判官によって、国王留保裁判の伝統的な原則に従って進められ、三年間続いた。彼に対しては大逆罪での告発も試みられた。実際にサン＝マンデにある邸宅の鏡の裏から発見された陰謀計画書が重く見られていた。事実フーケは、マザランがかつて一六五一年にコンデ親王に対して仕掛けたのと同じような罠を仕掛けることを恐れ、一六五七年、そのような政治的謀略に備えて、とくにブルターニュ地方で要塞や守備隊の司令官の職を有している友人たちの一覧を作成し、万一自分が逮捕されるような場合に解放してもらえるようにしていた。さらに一六五八年の夏には、ベル＝イル侯領〔ブルターニュ半島沖のベル＝イル島〕を手に入れ、そこにある城を要塞化し、海から接近できないようにしていた。日頃から、彼は海洋事業に強い関心を寄せ、私人としてブルターニュ地方の港湾整備やポルトガル船を装った私掠船に投資してもいた。裁判の時のフーケの回答によれば、これらの活動は財政長官という自分の地位に由来し、政治的用心は当然のことで、ただマザランに対してのみ向けられていたのであり、マザランの死後は忘れていたのだという。

　公金横領の罪は十分な立証ができなかった。というのも、借金で国庫を賄うという方法は、いつの時代の財政担当の役所にも見られるやり方だからである。たしかにフーケ自身は個人的に名義人を使って、過剰な利益を生み出す徴税請負に参与していた。しかし、機会さえあれば、誰も彼もが同じことをしていたのである。マザランも、コルベールでさえも同じであった。なぜなら（他の時代とまったく同じように）、国家への貸付は手早く最良の利益を保証してくれたからである。さらに、彼の贅沢な暮らしも非難された。これには、財産よりも借金の方が多いのだと、フーケは答えた。歴史研究（ダニエル・デセールの仕事）は、彼が嘘をついていなかったことを証明した。しかし、その豪華な暮らしぶりが、彼の職務から生じたものであることもまた明らかだった。

王の陰謀

いずれにせよ、王は財政長官の有罪判決を望んでいた。どうしてこれほどまで執念深かったのだろう。公衆に嫌われていたマザランは王の代父であり、母后アンヌ・ドートリッシュの誠実な友人だった。王の教育も結婚もマザランのおかげだった。だから彼は、父親のような存在である人物の記憶を責めることができなくなった。フーケはマザランの尻拭いをしたことになる。王のフーケに対する憎しみは、内面の次元、まさにフロイト的な次元にあった。その憎しみは、じつに容易かつ深刻に、政治的な計算づくのものとなったのである。おまけに一六六一年の春、フーケはまたしてもマザラン枢機卿の後継者を気取り、王に恥をかかせていた。フーケは、政治に積極的に介入するという若き君主の宣言を冗談と見なし、王の〔政治面での〕経験不足と無気力とを当て込んでいたのである。また、フーケがヴォー＝ル＝ヴィコントの城館で誇示した贅沢が、王の妬みをかきたてたのではないかとも言われている。しかし実際は、一六六一年八月一七日にヴォーであの有名な祝宴が催さ

図28　マザラン

図29　ヴォー＝ル＝ヴィコント城

パリの東約60㎞に位置する。ル・ヴォー、ル・ノートル、ル・ブランがそれぞれ建築、庭園、室内装飾を手がけ、古典主義城館建築の最高傑作のひとつに数えられる。

れた時、財政長官の失脚はすでに決定済みであった。若き王は、マザランの思い出を断ち切り、公衆に決断力を示し、過去を告発し、スケープ・ゴートを差し出さねばならなかった。

ルイ一四世は、世論への感覚が優れており、クーデタを演出し「メディアにのせる」術を心得ていた。まず彼は決意を心に秘め、わずかな実行者にしかそれを洩らさなかった。それから後は、事の成り行きを大々的に喧伝した。フーケ邸の家宅捜索に向かった衛兵隊にはトランペット隊が付き従っていた。証人尋問の調書はすぐ印刷され、街々にばら撒かれた。裁判は異例づくめで、フーケが受け取った手紙は彼の弁護に役立つはずだったが、隠滅されてしまっていた。この裁判のために選ばれた司法官たちは、どの方向で意見をすべきか心得ていたし、暗黙の取り決め、ないしは、無言の圧力を受けてもいた。しかしながら、報告評定官のルフェーヴル・ドルメッソンは勇気をもって死刑判決に反対した。王の逆鱗に触れてキャリアを犠牲にする道を選んだ彼は、フーケを追放刑にすべきとの意見を述べた。大半の判事も彼の意見に従った（一六六四年一二月二〇日）。すると王は、司法史のなかでは前代未聞の選択をした。量刑を重くし、フーケに終身禁錮を言い渡したのである。フーケは実際に秘かにピエモンテ地方のピニュロル城塞に幽閉され、そこで一六八〇年三月、寂しく生涯を閉じた。

　国家財政の責任者がその職務から不人気を背負い込んで、哀れな末路をたどることは珍しくない。ただフーケの場合は、他のどんな例よりも劇的であった。おそらくその理由は、彼の事例が特別な時期に起こったからである。つまり、平和な時代で、若き君主が即位したばかりであり、移ろいやすい世論の関心がにわかに権力にまつわる諸事件に向けられていたのだった。悲劇は完璧で、どの役者もぴったり役にはまっていた。どの役者も花形で、自分の役回りに自信をもっていた。感じがよく無自覚な犠牲者、黒づくめの衣装を着た陰険な告発者、無気力で簡単に操られてしまう判事たち、そして尊大で冷酷な君主、といった具合に。彼らが自分たちのイメージを理解し、後世の人びとに向けてポーズをとっていたのだと言えなくもない。

▼セヴィニェ夫人が伝えるフーケ裁判▲

「ここしばらくは一日一日が長く、不安でまったくひどい状態です。悪いことに、可哀想な虜囚〔フーケ〕のご家族は、誰ひとりとして何も知りません。彼らにお会いし、吃驚してしまいました。彼らは過去に起こったことを知りもしなければ、読んだこともないようなのです〔フーケ以前の財政長官もまた、しばしば裁判にかけられ、死刑宣告を受けていた〕。さらに私を驚かせたのは、サッフォー〔スキュデリー嬢の仮名〕も同じような状況だということです。彼女の知性と洞察力には限界がないのに。その点についてもう一度よく考えるならば、私は彼女たちが私よりもそれについて知っているのだと夢想しますし、確信してもいます。少なくとも、そう信じたいのです。その一方で、もっと偏見のない方々と議論もいたしました。素晴らしい知性をもった、とても公正な紳士方です。その議論では、私たちが望むようなことが起こるとすれば、それこそ本物の奇跡だろうということでした。……」

「でも私は、先日おこなわれた国事犯〔フーケがベル＝イル島に要塞を建設したこと〕に関する尋問について詳しく説明したいと思います。私が聞いた話はすでにお伝えしましたね。ところが、〔情報を伝えてくれた〕同じ人物がもっと詳しく思い出し、次のような話をしてくれたのです。全員が数名の判事によって予審に付されました。フーケ殿は、この計画から引き出せる唯一の効果は、その話を聞かせて私を混乱に陥れたことだ、とおっしゃいました。すると大法官殿〔ピエール・セギエ〕は、彼にこう言いました。『それこそ国事犯というものではないでしょうか』。するとフーケ殿はこう答えました。『告白します。これ〔要塞建設〕は馬鹿げたことであり、常軌を逸したことですが、国事犯ではありません』。それから判事たちの方を向いてこうおっしゃいました。『皆さん、お願いです、国事犯とは何かを説明させてください。ここにいらっしゃる方々が私よりも有能ではないというのではありません。しかし、私はあなた方以上に国事犯とは何かを検討する時間の余裕があったのです。国事犯とは、これすなわち、要職にある時、君主の秘密を知って、突然敵のこの上ない助言者となり、同じ利害関係に家族全員を巻き込み、自分が総督を務める都市の門を敵軍のために開かせ、その門を本来の主人に対して閉ざし、自分の党派に国家機密を伝えること。皆さん、以上が国事犯と呼ばれるものです〔フロンドの乱の時代、セギエがナント総督だった甥を唆して、スペイン軍に門を開かせたことへの当てこすり〕』。大法官殿は身の置き場に困りました。判事たちは今にも笑い出しそうでした。以上が実際に起こったことです。あなたも、これ以上機知に富み、軽妙で、愉快なことはない、とおっしゃることでしょう。

図30　セヴィニェ夫人

全フランスがこの返答を知り、感嘆しています。その後、フーケ殿は細かな点まで自分を弁護なさり、すでに私があなたにお話したことを言われました。あなたがこうした成り行きを何も知らなかったのではないかと、気がかりでした。私たちの大切なお友だちはすっかり打ちのめされてしまうところだったのです。

今朝、ドルメッソン殿が事件全体の要約を始めました。彼はじつに巧みに、じつにはっきりお話をしました。彼は木曜に意見を述べる予定です。彼の同僚も二日にわたって発言します。別の意見にも、まだ数日かかる見込みです。長々と意見を述べたがっている判事も何人かいますから、来週まではまだじらされることでしょう。本当に、私たちの置かれた状態では生きている心地がしません」。

ポンポンヌに宛てたセヴィニェ夫人の手紙　一六六四年一二月九日

IX

「ルイ一四世はナントの勅令を廃止すべきではなかった」

この苦境の極みの中で、私は両親と冷酷な祖国を捨てる決意をしたのだった。それは神がお望みになるとおりに仕えることのできる避難所を探しに行くためであり、彼らの狂気から身を守るためであった。

一六八五年に連合諸州（オランダ）に移り住んだ若きカルヴァン派信徒ラコストの『回想録』

宗教戦争の終結

一六八五年一〇月一八日にフォンテーヌブローで署名された勅令は、プロテスタント信仰の実践を禁じた。改革派の信仰は、一〇〇年ほど前にアンリ四世が王国内のいくつかの都市で許可したばかりであった（一五九八年四月一三日のナントの勅令）。ルイ一四世の決定は、何年にも及ぶ迫

図31　亡命するプロテスタント

出典：P. Goubert et D. Roche, *op. cit.*, t-2, Paris, 1991, p. 30.

害の帰結だった。この決定は、何千人ものカルヴァン派信徒（カルヴァンの教えを忠実に守り、神の至上権を主張し、救霊予定説の立場から神を唯一の人間の救い主とする人びと）の亡命を引き起こした。勅令が出された直後、この処置は国内で大多数の賛同を得たが、数十年後には、忌むべき軽率な行為と見なされるようになった。一九世紀には宗教的寛容の精神がヨーロッパ中に広まっていたので、一六八五年の勅令はますます人びとの良心を刺激するものとなった。今日でも、この偉大な王の治世に後世の人びとが投げかけた視線の枠組みのなかで、ナントの勅令の廃棄は人びとの良心を傷つけ続けている。

これほど悪評の高いエピソードは、申し分のない教訓である。過去の過ちや犯罪を裁き正そうとするのは、いつの時代にも変わらない傾向である。しかし、そうした傾向は馬鹿げたことでもあると言わねばならない。誰一人として流れゆく時を変えることなどできないのだから。もちろん、歴史家にとって、一六八〇年代の人びとがルイ一四世の決心に対しぶつけたであろう批判を指摘するのは妥当なことである。しかし、過去の人物の犯した過ちを直そうとしたり、過去の人びとに教訓を垂れたりすることは、何より時代錯誤であるし、もっと端的に言って愚かでもある。歴史学の役割は過去を理解することであって、書き直すことではない。過ぎ去った時間は、空しいノスタルジーや偏執的な好奇心によっては理解することなどできない。過去の理解が重要であるのは、本質的に直接触れることはできなくとも、過去が未来以上に、いや現在以上に、人間の本質をもっともよく知ることができる次元、もっとも人間の本質に科学的なアプローチのできる次元だからである。

一六八五年の決断を理解するためには、アンリ四世が発した勅令にまで遡らねばならない。近年の〔ナントの勅令発布四〇〇周年〕公式記念行事が主張したこととは異なり、ナントの勅令は寛容の理想の到達点などではなく、三〇年間の内乱を経た後での経験に基づく状況判断の結果だった。王はプロテスタントの居住権と軍事権を認め、それらの限られた地域のなかで信仰の自由と多くの政治権力の行使を許したのだった。こうして改革派教会は王国内のさまざまな社団や共同体に溶け込んでいき、旧体制下のフランスを形づくっていた種々の特権や自由や慣習のモザイク模様のなかに加わった。

それから程なく、つまり二〇年ちょっとの間に、安全地帯の設置、戦士貴族や大都市や要塞都市の支援といったことが、王権との間に衝突を引き起こし、宗教戦争最後の炎をあげさせた。それは一六二一年から一六二九年にかけて、王国の南部と東南部で猛威をふるい、多くの人命を失わせることになった。もっとも、ルイ一三世は父王〔アンリ四世〕の意向に忠実でいたいと思っていたらしく、この戦争もしぶしぶおこなっていたにすぎない。一六二九年にアレスの勅令が出された後、改革派教会の軍事面での諸特権は完全に取り除かれ、その後三〇年間、ほぼ平和な共存の年月が流れた。

実をいえば、カトリック信者とプロテスタント信者が共存した場所に、異宗派間の協調や共感が見られたわけではなかった。宗教的対立は、プロテスタントの都市民とカトリックの農民の間に横たわる社会的な断裂によって強化されていた。両宗派にとって、とくにカトリックの神父とカルヴァン派の牧師にとって、もっとも望ましいのは、相手が改宗することだったことに変わりはない。実際に、一方の宗派からもう一方の宗派への鞍替えは頻繁に起こっていた。しかし、それと同時に、日常的な近所づきあいの習慣もまたでき上がっていたし、周囲に憤激を引き起こしながらも、宗派を越えた結婚さえありえた。さらに、多くの知的な人びとや大半の社会的エリートには、善意ないし宗教的無関心に起因する真の個人的寛容が存在した。

ルイ一四世の意図

一六六一年に若きルイ一四世が自ら統治しようと企てた時、改革派の扱いは完全に変わった。新しい王は、本能的に彼らに敵意を抱いていた。多くの同世代人がそうであったように、彼もフランスのプロテスタントは人数も威信も低下していると思っていた。彼は一五九八年の勅令の適用範囲を最小限にとどめようとして、地方の調査や顧問会議の裁定を通じ、改革派の信仰実践が公式におこなわれる範囲を絶えず狭めたり、布教活動を禁じたりした。こうすれば、権力が彼らの衰退を決定的にできるだろう、と彼は考えていたのだった。いずれ静かに異端は消滅してしまうだろう、というわけである。異端は過去の世代の話だとか、もはや過ぎ去った状況の話だと、信じられていたのである。著名な改宗者によって「改宗促進基金」が運営され、牧師であれ平信徒であれ、カトリック信仰に戻ることを選んだ人びとに分配する援助金が用意されていた。

一六七九年、抑圧は新たな段階を迎えた。ルイ一四世は、オランダ・神聖ローマ帝国・スペインの同盟に対抗し、ナイメーヘンで比較的有利な条約を結ぶと、ヨーロッパの調停者という自分の役割をかつてないほど意識するようになり、自分の王国の並外れた強さを確信するようになった。旧制度下フランスのいわば慣習法を形づくっていた社団的な構造をまったく損なうことなく、ルイ一四世の権力は、諸特権を削減し、さまざまな制度を統一してゆく過程に乗り出していた。こうした見通しのなかで、王国内の改革派教会という政治的社団への配慮は、もはやかつてのように必要ではなく、この国の行政の仕組みと両立しないとも思われた。

図 32　竜騎兵によるプロテスタントの迫害（ドラゴナード）

出典：M. Magdelaine et R. von Thadden, *Le Refuge huguenot*, Paris, 1985, p. 19.

この点では、一六八一年にオランダに亡命した牧師ピエール・ジュリューが、王国の諸身分の会議に王が支持を求める契約王政の論者を自認していたことは意味深い。こうした形の王政は、一六五〇年代には統治のモデルとしてまだ活力をもっていたが、ルイ一四世はこれを断固として撥ねつけたのである。私の考えでは、ルイ一四世が迫害ともとれる決断を下した理由は、宗教上の信念と同じくらい、権力の新しい捉え方をしていたことに原因があった。プロテスタント信仰の解消という計画を締めくくる時機が来ていると、ルイ一四世には映っていたのである。

教会堂の破壊に抵抗したり、公の説教の禁止を守らなかったプロテスタントの共同体に対し、地方長官は厳罰をもって臨むようになった。

地方長官はこれまで税の未納者に対して用いられていた伝統的な法的手段に訴えた。すなわち、要求を満たすまでプロテスタント信者の家に兵士を宿泊させ、兵士の生活費を負担させたのである。この目的のために「竜騎兵《ドラゴン》」と呼ばれる新規の騎兵連隊が用いられた。多くの歴史家はこの方法を突拍子もないものと誤解して、「ドラゴナード」と呼んでいる。莫大な出費と〔竜騎兵たちの〕侮辱と狼藉におびえて、強制された形での集団改宗は増加し、一六八一年のポワトゥ地方や一六八四年のベアルン地方およびラングドック地方などでは、改宗者の数は数万人に及んだ。一六八五年秋の段階では、改宗の流れは止まらないと思われていたし、プロテスタント信仰の消滅を確認することは当然のように思われていたのである。

勅令廃止の余波

数ヵ月が過ぎ、数年が過ぎていくうちに、大勢のプロテスタントは秘かに国外へ逃れることを選んだ。「避難所」となる国ぐにでは、イギリス、オランダ、そしてプロイセンがとくに選ばれた。ラングドック地方の高地の農民に比べ、王国北部の田舎に離れて暮らす名士の方が逃亡しやすかった。最新の研究によると、亡命者の数は二〇万人、プロテスタント信者全体の約五分の一だったと見積もられている。もっと後に、この現象の広がりが明らかとなってから、研究者たちはこのプロテスタントの亡命を〔フランスにとって〕経済的な破局と解釈した。というのも、国を出たのは主に商人や事業家、専門技術者の家族だったからである。たしかに、この暗い気持ちにさせる説明には真実の一端が含まれている。しかし、港町や大都市では、多くの場合、金融取引や商取引がその後もずっと維持された。それは〔カトリックに〕改宗してもフランスにとどまって交易活動を続ける親族のおかげだった。アルザス地方では、いくつかの協定の名のもとに、一六八五年の勅令は適用されず、ルター派の信仰が何の束縛もなしに続けられていたことに留意しておこう。

勅令廃止のもうひとつ別の、予期しなかったが確実な帰結は、ヨーロッパ北部のプロテスタント列強が激しい憤りを示したことである。これ以後ルイ一四世のフランスは長きにわたって、忌まわしい敵役というイメージをもつことになった。オランダと多くのドイツ諸邦は、その後ずっと反フランスのプロパガンダの発信源になった。一六八八年以降、イギリスはこれまで以上に「教皇至上主義」への憎しみを燃やした。一六八八年と一七〇二年にフランスに対抗して結ばれた同盟の決議は、暴君ルイ一四世がプロテスタントの臣民に対しておこなった迫害への報復という体裁をとった。

⚜その後のプロテスタント

地方長官や司教たちは、これら何千人もの「新カトリック信者」を同化させることに努力し、宣教師を派遣したり、教理問答を印刷したり、学校を開いたりした。しぶしぶ改宗した者でも、

図 33　迫害されたプロテスタントの秘密集会（荒野の集会）

出典：G. Duby, *Histoire de la France rurale*, t-2, Paris, 1975, p. 327.

そのなかには新しい信仰に本気で入っていった者もいたことだろう。しかし他の者たちは自分たちの信仰を心の奥底に保ち続けていたのであり、おそらくこちらの方が数は多かっただろう。地下に潜って信仰を再組織化しようとの試みは徹底的に鎮圧され、首謀者は有罪宣告を受け、情け容赦なくガレー船送りとなった。南仏のヴィヴァレやセヴェンヌといった山岳地帯では、プロテスタント信者の大半が村人たちで、逃亡はほとんど不可能だった。そこで預言者としての天命を受けた民衆出の説教師たちが、礼拝式を「荒野」で続けた。こうした深く根づいた信仰は、農民反乱の形をとった。いわゆるカミザール戦争である。一〇〇〇人とも二〇〇〇人ともいわれる反徒たちは、一七〇二年から一七〇四年まで戦闘を続け、〔政府は〕ヴィラール元帥の軍隊を派遣せねばならなくなったが、この軍人であり交渉人でもある人物の手腕がこの反乱を終わらせた。より一般的に言うと、長期的に見て、改宗の強制は反教権主義ないし無信仰の芽を残すことになった。

一七一〇年代になると、教会であれ司法であれ、地方当局の大半が改革派信仰の告発や抑圧の命令を厳格に適用するのを諦めるようになり、改革派信仰は多かれ少なかれ秘かに再構築された。一八世紀を通じて、王国内にはカルヴァン派の信仰に忠実な人びとが五〇万人以上いたと見積もられている。

もっとも、ルイ一四世が一度でも自分の下した決断を悔いたようには見えない。せいぜい不幸な結果と裏切られた期待を甘んじて受け入れただけである。しかし、一八世紀初頭以降、その結果は惨憺たるものであることが明らかになったのだから、時代錯誤の説教としてではなく、ルイ一四世の決断は大失敗だったと言って間違いないだろう。一六八五年の迫害決定の余波はその後ずっと続いた。プロテスタントの共同体は、すぐさま復讐してやろうという考えを捨て、この悲劇を引き起こした本当の原因、あるいは原因と考えられるものに対する恨みをもち続けることにした。こうして、この国民的なトラウマの諸々の結果が、その後の歴史の節目節目に繰り返し現れることになったのである。

▼長靴を履いた宣教師（竜騎兵による迫害）▲

「一六九九年、改革宗教に対するその高名な祖先の感情を、少なくとも外見上は、なんら表してはいなかったラ・フォルス公爵は、イエズス会士に唆されて、「新教徒を改宗させる（これは彼の言葉である）ために」、彼の広大で豊かなペリゴールの領地に行く許可を願い出た〔ラ・フォルス公爵家は代々熱心なプロテスタント信者として知られたが、一六八六年、四代目公爵ジャック＝ノンパールの時にカトリックに改宗した。ここに登場するのは彼の息子で五代目公爵アンリ＝ジャック、一六七五—一七二六年〕。彼は、こうして、宮廷の見解と原則にあまりにも追従したので、この名誉ある立派な役目を手に入れないはずはなかった。彼は、事実、四人のイエズス会士と若干の護衛と下僕を連れてパリを出発した。ベルジュラックから一リュウ〔約四キロ〕離れているラ・フォルスの館に着くと、彼は、その使命の甘美さとその助言者の精神がどんなものであるかを示すために、改革宗教に属する彼の家臣たちに対して前代未聞の残虐な行為をやり始めた。毎日のように老若男女を問わず百姓を捕らえてきては、彼の面前で、何の裁判形式もなしにこのうえなく痛ましい責苦をあびせかけ、ある者たちを死に至らしめ、こうして、自分の意志以外の裁判権をもつことなしに、彼らにその場で自分の信仰を捨て去るよう強いたのである。彼は、このような悪魔的手段で、これらの哀れな不幸な者たちに対して無理やりに、ローマ教〔カトリック〕にとどまってけっして離れないという恐るべき誓約をさせた」。

「ラ・フォルス公爵は、自分がやった立派な改宗活動を誇りに思い、宮廷でその話をした。彼とそのイエズス会士たちが自分たちの使命の生んだ効果を誇張しなかったかどうかは、誰にでも分かるだろう。ともかく、公爵は一七〇〇年にペリゴールに再びやって来て、この地方の特権都市の新教徒たちを無慈悲な竜騎兵によって改宗させるという許可を得た。こうして、彼はベルジュラックにやって来て、住居を構え、例の四人のイエズス会士と竜騎兵一個連隊を引き連れていた。竜騎兵は、ブルジョワの家に宿泊して勝手気ままに振舞ったのだが、この残忍な布教活動は、イエズス会士の説得よりもはるかに多くの新改宗者をつくりだしたのである。というのも、実際、これら哀れなブルジョワたちを無理やりミサに行かせ、棄教させ、そしてローマ教の礼拝を必ずおこなうという恐ろしい誓約をさせるために、これら長靴を履いた宣教師たちがやったことほど前代未聞の残酷な行為はなかった。公爵は、改革宗教への呪詛に満ちたこの誓約の書式をもっており、苦しんでいる哀れなブルジョワたちに、有無をいわせず署名させたうえ宣誓させたのである」。

プロテスタント信仰を理由にガレー船送りとなったジャン・マルテーユの『回想録』（一七五七年刊）の一節

X

「ルイ一四世は戦争を愛しすぎた」

いいかい坊や、お前はもうすぐ偉大な王になるのだよ。でもね、お前の幸福は神様に従順かどうか、そしてお前が人民の負担を軽くしてあげようとするかどうかにかかっているんだ。そのためにはできるかぎり戦争は避けなくちゃならない。人民を破滅させることになるからね。

一七一五年八月二六日、後のルイ一五世となる王太子に向けたルイ一四世の言葉

戦争好きな王

人生最末期のある日、ルイ一四世は世継ぎとなる幼子〔ルイ一五世〕に語りかけながら、自分の政治の好戦的手法を悔いたのかもしれない。武力に頼るこの偉大な王の性癖を非難するのは、言ってみれば無邪気な著述家たちの常套手段で、彼らは過去に説教したがり、王の治世末期の

図34　コンデ親王

図35　テュレンヌ

難局は彼の気まぐれに結びつくのだと信じている。

たしかに、当時もっとも強大な王国の頂点に立つこの血気盛んな若き君主の派手な一撃を目の当たりにした外国人の目には、一六六〇年代から七〇年代にかけてのフランス人の要求ばかりする野心的な政治は、ヨーロッパの均衡にとって真の脅威と映っていた。ルイ一四世の大使たちは指示に従って、大都市内での召使同士の喧嘩や海上での旗旒信号〔船舶間の通信に用いられる旗による信号〕など、ほんのちょっとしたもめごとでも見逃さず、開戦の口実にしてしまった。スペイン人や教皇庁の人びと、あるいはもっと後にジェノヴァ人に対して加えられた侮辱は、国際関係の歴史に類例がないものだった。この侮辱の数々が、自分の力に陶酔した経験の浅い王の計画の傲慢さを恐ろしいものにしていた。しかし、繰り返していえば、一六六七年のスペイン領ネーデルラントへの侵攻（遺産帰属戦争）と一六七二年のオランダ侵攻は、他の国ぐにからは侵略戦争と見なされたが、それには正当な理由がないわけではなかったのである。

フランス人から見れば、これらの軍事行動には法的な根拠があったし、自分たちの王の地位や実力に見合う名誉にも合致していた。世論は国家の正当な権利を疑わず、フランドル、オランダ、フランシュ＝コンテへの軍事的進出に喝采をおくっていた。実際、フランスは数多くの切り札をもっていた。

まずはじめに、フランスの軍事面での優位は明らかだった。何万人ものフランスの召集兵は、スペインの本国から遠く離れた場所に置かれていた昔ながらの小規模な守備隊とは対照的だった。さらに王には、コンデ親王やテュレンヌ元帥といった類稀なる軍司令官がおり、彼らに任務を委ねることができた。王は大平原を規則正しく動く軍隊を眺められる壮大な観兵式が本当に好きだったし、予想される仮借のない都市包囲戦の技法に夢中になった。さらに彼はマスメディアに対する感覚が鋭く、ちょうどよい時機を見計らって、あやふやな勝利であっても大々的に祝賀の儀式をおこなった。実際の彼はそれほど勇敢だったわけでも、軍の指揮に才能があったわけでもないが、ちょっとした出来事を巧みに利用することには長けていた。たとえば、一六七二年七月の有名なライン渡河について言えば、それが重要だったのは王がそこにいたという理由と、それが遠征の最初におこなわれたという理由、ただこれだけである。

　そして最後に確認しておかねばならないことは、当時のヨーロッパにおいて外交術はフランスの外交官によって完全に支配されていたことである。フランスの外交官たちは、征服者の臆面のなさを法的鑑定書〔法的な根拠のある証拠書類〕と結びつけ、かつ周辺の同盟国を集めたり、調停者となりうる国に頼ったり、強圧的な姿勢で譲歩に同意を与える術を心得ていたので、引き延ばしや休戦を利用しながら外交会議を支配し、討議を方向づけ、都合のよい結論を得ることができたのである。

ヨーロッパ諸国の反発

　いくつかの事件が重なって、ルイ一四世のフランスに対する諸外国の不信感は本当の憎しみに変わった。その最初は、ルクセンブルクの都市部と要塞の包囲で、これは一六八三年一二月、まったくの平時に始められた。その直前、トルコ軍によるウィーン包囲が解かれたばかりだったが、このヨーロッパの大きな危機の時に——中央ヨーロッパの広大な地域の自由が失われたかもしれないのだ——、フランスはまったく援軍を送っていなかった。だからよりいっそう、この企ては顰蹙を買ったのだった。次に、一六八五年から始まったプロテスタントに対する迫害が北欧諸国を憤慨させた。そして最後に、一六八八年のフランス軍によるプファルツおよびその首都ハイデルベルクの徹底的な劫掠が、ドイツ諸邦をしてフランス人を嫌悪させることになった。外国の新

図 36　アウクスブルク同盟戦争の寓意画

数多くの敵を相手に孤軍奮闘するルイ 14 世を描く。実際この戦争では、ほとんどすべての列強諸国がフランスの敵にまわった。
出典：P. Goubert et D. Roche, *op.cit.*, t-1, p. 210.

聞やパンフレットは、フランス人による略奪の話とフランスの横暴な王に対する侮辱の言葉に溢れ、フランス王は「普遍的一元支配」を望んでいると非難された。

ここで再び、フランスの覇権は、それに対抗する大同盟を出現させた。アウクスブルク同盟である。この戦争は一六八八年から一六九七年まで続いたが、一六九四年から一六九五年にかけて大飢饉がフランスを襲ったので、余計にもちこたえるのがむずかしかった。この戦いの歴史叙述では、リュクサンブール元帥がベルギー地域で、カティナ元帥がピエモンテでとったみごとな作戦を強調することになっている。一六九七年に調印されたライスワイク条約では、フランスの外交官たちは主な占領地を守ることができた。

　スペイン継承戦争（一七〇一－一七一四年）は、一七〇二年から一七一四年までの間、フランスを苦しめた。王の選択は非の打ち所がなかった。スペイン王カルロス二世の遺言を断ることなど馬鹿げているだけでなく、危険なことでもあっただろう。というのも、ルイ一四世が絶えず戦争を仕掛けた相手であるこの王は、世継ぎがないまま死に臨んだ時、ルイ一四世の孫のひとりアンジュー公爵フィリップに自分の帝国を遺産として残したからである。フランス王とスペイン王のこの型破りな同盟は思いがけない戦略上の好機だったが、この決定に神聖ローマ帝国とイギリスが反対することは目に見えていた。

　治世最後のこの戦争は、フランスにとってもっとも厳しいものだったが、また同時に、もっとも正当でもっとも避けるのが難しい戦争でもあった。イギリス＝オランダ連合のモールバラ公爵（当時の〔フランスの〕俗謡ではマルブルーと呼ばれた）と神聖ローマ帝国のオイゲン公というふたりの天才的な敵将を向うにまわして戦った一七〇四年のブレンハイムでの大敗の後、フランス軍はドイツ方面から駆逐された。一七〇六年はもっとひどい年だった。フランス軍はラミイの戦い（五月二三日）の後、フランドルから完全に撤退せざるを得なくなり、ついでトリノの攻囲に失敗した後は北イタリアからも全面的に引き上げることを余儀なくされた。

　しかし、フランスは圧倒的な人的資源のおかげで敵の侵入を免れた。それは、多数の戦死者を出したマルプラケの戦い（一七〇九年九月一一日）でのことだった。カスティリア地方のヴィラヴィ

図 37　デュゲ＝トゥルアンが率いる私掠船

ルイ 14 世時代の私掠船船長としては、サン＝マロのデュゲ＝トゥルアンのほか、ディエップのデュケーヌ、ダンケルクのジャン・バール、ナントのカサール、バスクのデュカスなどが名を馳せた。

出典：A. Lespagnol, *Messieurs de Saint-Malo*, Rennes, t-2, 1997, p. 349.

シオサでヴァンドーム公爵が輝かしい勝利をおさめたこと（一七一〇年一二月一〇日）、そしてロンドンで和平派のトーリー党が政権を握ったこと、最終的にこれらによって、あまり悪くない条件での交渉が可能になった。ヴェルサイユの諸官庁は四〇万人まで兵員を増やすことに成功していた。戦費に関しては、国庫は広範な直接税に頼った。その際、通常の直接税を免れていた特権者たちも容赦されなかった――それがカピタシオン（一六九五年）と一〇分の一税《ディジエーム》（一七〇八年）である。さらに海上での私掠船〔国王によって海賊行為を認められた船〕による戦いは、デュカスやデュゲ＝トゥルアンの海賊行為のおかげで、利益になることがわかった。数十年前から本格的に海軍が創られてはいたが、その名声に比べて実際の成果は少なかった。それに比べ、私掠行為という方法は効率がよく、かつ実入りも多かったので、何度となく財政当局が難局を乗り切るのを助けた。もっとも悲惨な時期であった一七〇九年六月、敵の途方もない要求を前にして、王はついに臣民に向かい一種の呼びかけをおこなった。情熱的で必死のその語調は、国民全体を巻き込むことになる後の時代の戦争様式を予告している。

太陽王の黄昏

逆境のなかで、フランスの外交官たちは同盟国を見捨てるより他に方法がなかった。過去すでに、メッシーナ〔シチリア島の都市〕人、バイエルン人、イギリスとアイルランドのジャコバイトたち〔名誉革命で追放されたイギリス王ジェームズ二世を支持する党派〕は、あまりに巨大な国と同盟を結ぶと高くつくことを学んでいた。今回、敗戦の重大な影響を被ったのは、スペインの支配力だった。スペインは神聖ローマ帝国のために南ネーデルラント〔現在のほぼベルギーに相当する地域〕のすべてと、二、三世紀にわたって手にしていたイタリアのすべての属領——ミラノおよびナポリ王国——を失ったのである。ラシュタットであまり輝かしいとは言えない和平に調印した〔一七一四年三月六日〕その一年後、ルイ一四世はこの世を去った。このような状況を考慮すれば、瀕死の王が口にしたとされる後悔の言葉〔本章冒頭〕の意味をよりよく理解できるだろう。

ルイ一四世のフランスが立ち向かわねばならなかった戦いの様相は、その時代の特徴を示している。戦争の動機、軍事行動の形、和平交渉の内容、そしてその結果である条約、これらはすべて、どの国もたいした違いはなかった。敵国の政治のやり方は、神聖ローマ皇帝レオポルト一世もオラニエ公ウィレム〔のちのイギリス王ウィリアム三世〕も、さらにもっと後のスウェーデン王カール一二世もロシアのピョートル一世も、皆同じように武力に頼ったものだった。一九世紀の共和派の歴史家たちの平和主義的な教訓は、治世末期の不運のすべてをルイ一四世の個人的資質のせいにしているが、まったくもって恣意的である。無邪気な仮説だけれども、もしルイ一四世がフランスを統治することがなかったとしても、紛争の年代記がほとんど同じであったことは想像に難くない。

▼ピエール・ラルースのルイ一四世評▲

王〔ルイ一四世〕の虚栄心、思い上がり、怨恨、そして私利私欲。これらが、あの大規模な戦争の裏にあるすべてである。その戦争からフランスが立ち直るのにどれほど苦労したことだろう。政治においても、閨房においても、宗教についても、家族についても、ルイ一四世のあらゆる決断を動機づけ支配しているのは、たったひとつの感情、それもあらゆる感情のなかでもっとも忌まわしいもの、すなわちエゴイスムである。彼の治世の歴史を構成するのは、彼の人並みはずれて肥大化した自惚れであり、この自惚れはこの王が生きた輝かしい世界のなかで生れる。ところで王は、〔自分を取り巻く〕これら天才たちが自分の栄光を横取りしてしまうと感じて、彼らにうんざりしてしまい、無能な人びとや阿諛追従の輩に身を寄せて、彼らともども君主政をたちまち堕落させ、まさにその君主政が引き起こした失敗がもとで苛立つことになる。言ってみれば、私たちはサン＝シモンとともに痕跡をたどり、病理学の影響に頼らなくとも、ルイ一四世のなかで精神が弱まり道徳感情が頽廃するさまを説明し、絶対権力が徐々にではあるが確実にその権力を行使する者の知性と能力に影響を与えるさまを観察するのである。彼の長く厳めしい治世は、歴史のみごとな教訓である。この治世は栄光に包まれ、国民の熱狂のなかで始まった。そこにはコンデ、テュレンヌ、コルベール〔といった有能な人びと〕がいた。しかし終わりは不運や災厄続き、そこにいるのもシャミヤール、ヴィルロワ、ヴォワザンといった連中である。総仕上げたるや、民衆による呪詛の大合唱がサン＝ドニ聖堂の地下墓所まで偉大な王だった人物の亡骸にお供した。

ピエール・ラルース編『汎用大事典』（一八七三年）「ルイ一四世」の項、末尾部分

図38　ブザンソンを包囲するルイ14世

出典：F. Braudel, *L'identité de la France,* t-1, Paris, 1986, p. 257.

第3部

ルイ14世の遺産

「戯画化されるルイ 14 世」（1693 年）

ルイ 14 世の強権政治やプロテスタントの弾圧を批判する文書は、ルイ 14 世の親政期を通じてオランダやイギリスで大量に出版された。
M, Magdelaine et R. von Thadden, *op. cit.*, p. 73.

XI

「太陽王の栄光の陰には、農民の悲惨さがある」

一六九二年以来、天候はあまりに不順で、季節の変わり目にほとんど気づかないほどだった。

一七〇九年の飢饉に関するブルゴーニュ地方のセジィ司祭の『回想録』

飢饉に喘ぐ民衆

ラ・ブリュイエールは、農民を肌が黒く、野獣にも似た悲惨な生き物として描いた。たしかに、社会身分による違いはきわめて明白で、多くの農民はとても貧しい手段で生計を立てていた。近世ヨーロッパにおける農地の状況は、致命的な破局の年代がやって来る余地を多分に残しており、穀物の不作は何十万人という人びとを物乞いや死へと追いやった。ルイ一四世の治世七〇年あまりのうちには、一六四三年、一六四八－一六四九年、一六五二年、一六六二年の飢饉の年と、

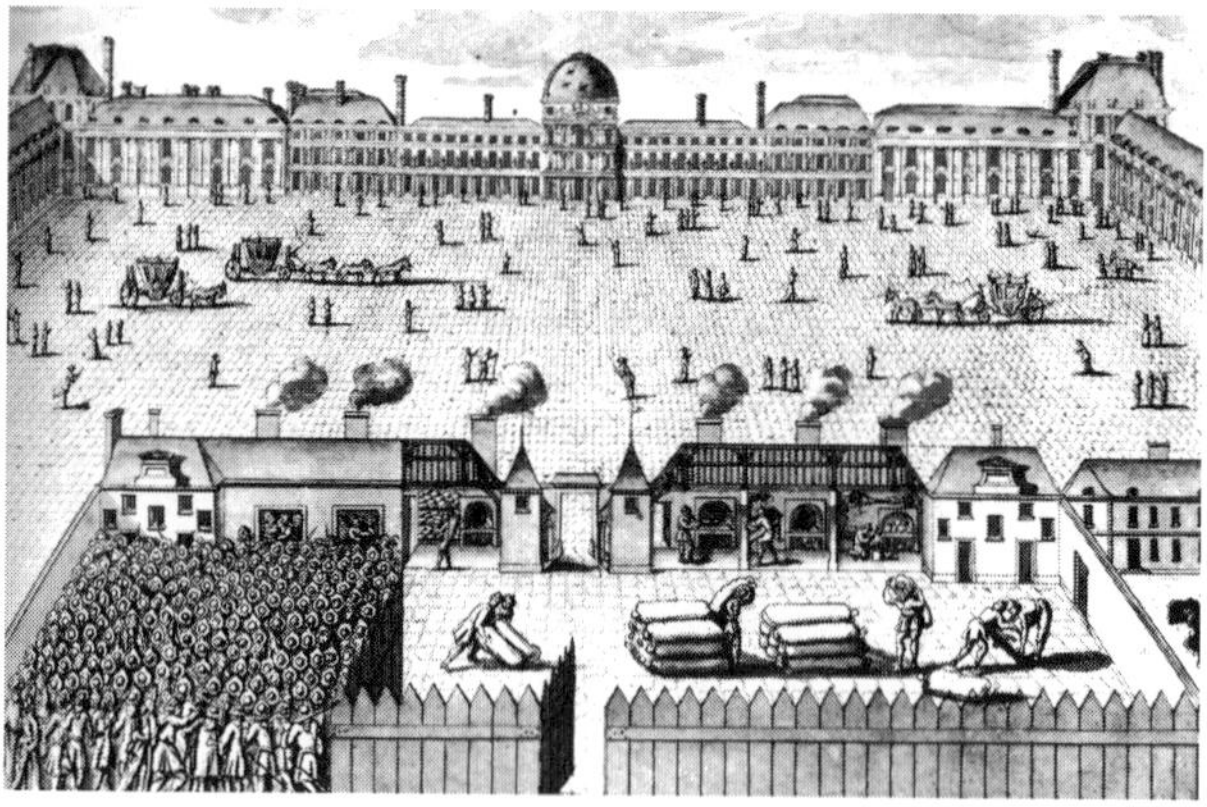

図 39　飢饉に際してのパンの配給（パリ、1662 年）

1662 年の飢饉の際、テュイルリー宮（1871 年に焼失）の前でパンを配給している様子。左に配給窓口につめかける群衆が見える。

出典：G. Duby, *Histoire de la France rurale*, t-2, p. 209.

一六九三－一六九四年、一七〇九－一七一〇年の例外的ともいえる悲劇的な時期とがあった。春のおそ霜、夏の初めの嵐、寄生虫の害などの理由で収穫が不十分になると、穀物の価格は急騰した。その時には、「根菜類」（大根、カブラ）や、春に種を蒔く大麦や、フランス西南部のいくつかの地方でのみ栽培されていたトウモロコシ以外に頼りになる食料品はなかった。

危機に対応して、まずは都市の救済基金が、どのような時にでも、危機を予防するための買い付けをおこない、各所の倉庫を食料品の備蓄で一杯にしていた。個人のわずかな資力が底をつくにつれて、慈善施設が備蓄されていた穀物を分配したり、固定した価格で売ったりした。悪天候は気まぐれであることから、ある特定の地域や、もっと遠方の地方は災害を免れていることが期待された――人びとは、そのような場所から、川伝いに平底船を、街道沿いに荷馬車をやって来させようとした。海港では、抜け目のない貿易商人が、たとえばシチリア島のような地中海沿岸や、さらにダンツィヒやリガといった遥か彼方の北欧諸国の穀物を発注したが、それには、先見の明、時間、多くの資金が必要とされたであろう。

春の初めの数ヵ月や、ふたつの収穫年度に跨るはざかい期に、価格は時として恐ろしいほどに跳ね上がった。その時には、都市では大勢の貧しい人びとが売り物の何もないパン屋の前に群がり、あるいは、施しの場所の前で行列をつくった。村々においてさえ、自分のパンをつくるという慣習がなく、パンを粉屋、パン屋、パン窯の所有者から買っていたことを知っておく必要がある。噂は必ずと言っていいほどに買占め人を告発していたが、彼らはいつも皆の不幸につけこんで投機していると見なされていた。農村部では、大借地農ともなれば、おそらく自分の家族の生き残りを保証するに足るものを蓄えていたが、さもなくば、自分の農場を去って、もっとも近い町に物乞いに行くしかなかった。

一六九四年と一七〇九年の恐ろしい危機は、さらに二〇〇万人以上にのぼる死者をもたらした。これまでしばしば言われていることとは違って、食糧危機の時期をペスト流行の時期と混同しないように注意しておこう。この伝染病は、フランスでは事実上消滅していた（一六六八年のブーロネ地方とピカルディ地方、一七二〇年のマルセイユは、限定的な事例である）。食料不足の間、小さな子どもや老人は、体の衰弱、赤痢、日常的な感染性の風土病の再発で死に瀕していた。

図 40　浮浪者となった農民

出典：G. Duby, *Histoire de la France rurale*, t-2, p. 209.

危機への対応

これらの危機は、地方長官、司教、大臣といった政治当局者に恐るべき挑戦状を投げつけた。彼らは、予測のつかない緊急事態のなかで即効的な救済策を講じ、都市に侵入してくる貧民の群れに対処しなければならなかった。一六五六年のパリに設立された広大な総合施療院（今日のサルペトリエール病院）と、その後数十年にわたっていくつかの大都市でなされたそのモデルの拡大は、多くの生命を救ったが、パリの施設における六〇〇〇人分の救済では、貧窮者の群れが数ヵ月のうちに突然人口の四〇パーセント近くにまで達すると、明らかに十分ではなかった。救済の大部分は個人的な慈善活動のイニシャティヴに頼っており、その資金はもっとも敬虔な人びとのなかで集められたものだった。総合施療院や救貧事務所は一六八〇年代に小都市でも増加したが、敬虔で慈悲深い名士たちによって創設・管理・運営された。同様に、危機の数ヵ月を反乱のエピソードと混同しないよう注意を促しておこう。食料をめぐる混乱は、穀物がなくなることを恐れていた穀物の生産地域で発生する穀物輸送車の襲撃や、大都市で威嚇的に見える人だかりや、安い価格でパンを売ってくれるよう空しく叫ぶ女性たちの騒ぎを超えるものではなかった。

図 41　カピタシオンの徴収

出典：P. Goubert et D. Roche, *op.cit.*, t-1, p. 354.

もっとも重大なふたつの食料不足にともなう危機は、たまたま厳しい戦争の時期に勃発した。政府当局は人びとの救済と軍事上の作戦の必要性に直面し、異常ともいえる決定に頼らざるをえなかった。王はヴェルサイユ宮殿や、その他の王城にあったすべての銀器を供出して溶解させることで手本を示した。財務総監ポンシャルトランは、カピタシオンという課税に取りかかったが、それは人頭税という制度につきものの免税特権に斟酌することなく、すべての収入を対象とした税であった（一六九五年一月）。

危機の実相

物価高騰の年代の恐ろしい「大量死」は、どうしようもない不幸のように思われた。このような事件に政治権力が何らかの影響を与えているとは考えられなかった。さらに、当局の責任者は、パリや北フランスの状況の方により注意を払っていた。そのため、一六九四年の危機がほぼいつものように過小評価される一方で、一七〇九年の厳冬はそれだけで年代記に登場した。というのも、その厳冬は、たとえばブルターニュ地方やアキテーヌ地方には影響を及ぼさなかったが、イル＝ド＝フランス地方に被害をもたらしたからである。ずっと以前から、伝統的な歴史はパリ人の視点で書かれていた。一七世紀に特有の人口危機の重大さの発見、それらの原因、リズム、結果についての理解は、ごく最近に獲得された研究成果である。それは、土地問題の先駆者であるジャン・ムーヴレと、歴史人口学の創始者のひとりであるピエール・グベールの研究に負うもので、一九五〇年代のことであった。

実際には、フランスは世界でもっとも豊かで肥沃な国のひとつだった。でこぼこ状の地形と大陸的な性格によって、フランスの経済的な可能性は北西ヨーロッパの海洋国家ほどに目覚し

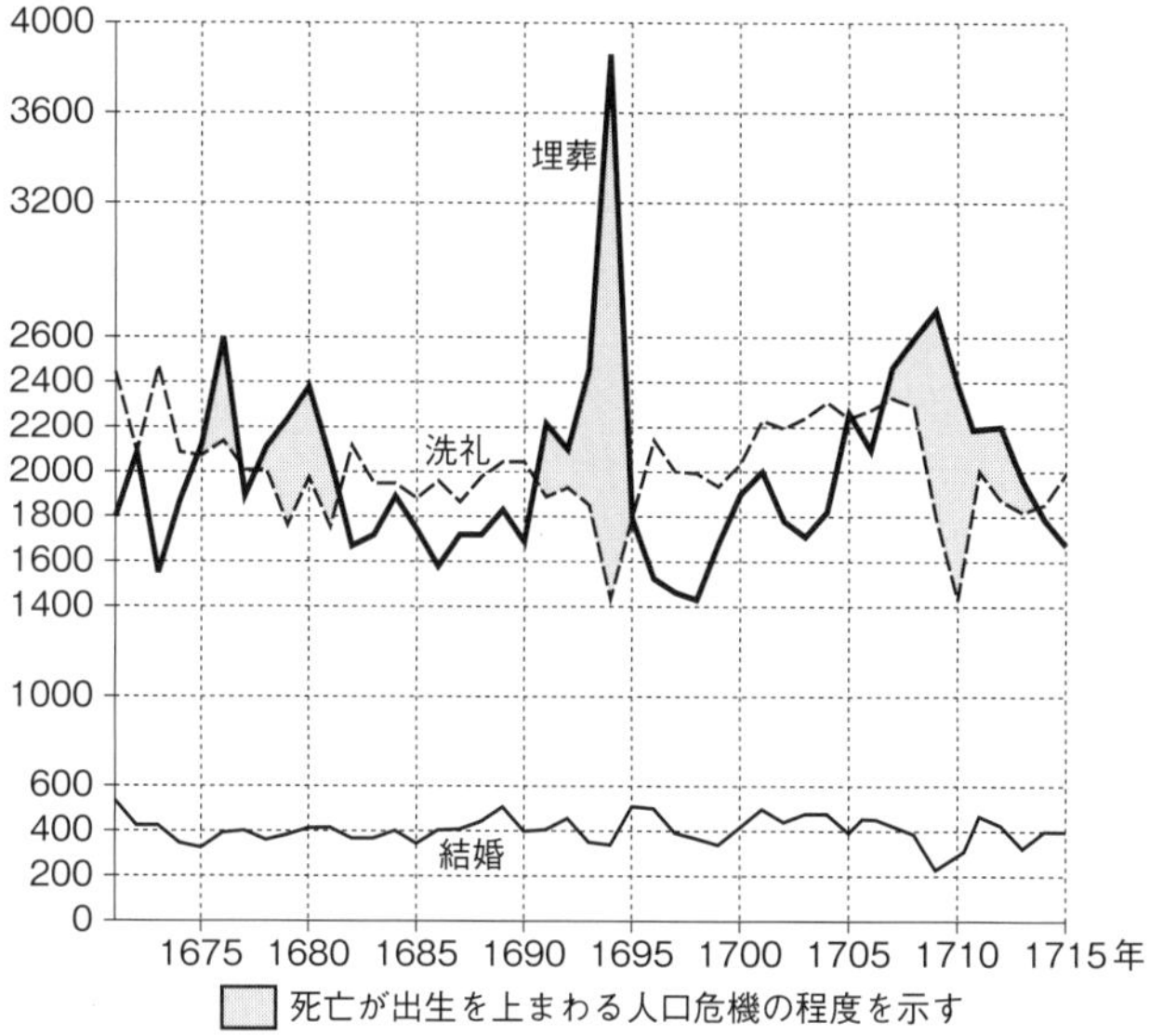

図 42　ルイ 14 世時代の人口危機—パリ盆地の人口動態

（注）数値は人数ではなく、指数を示す。埋葬数が洗礼数を上回った部分が人口危機の程度を表している。

出典：J. Dupâquier, *La population rurale du bassin parisien à l'époque de Louis XIV*, Paris, 1979, p. 249.

くはなかったように思われている。それでも、外国人はイル＝ド＝フランスやその周辺の大平原の豊かさに驚嘆し、歴代のフランス王の驚くべき財政能力を羨んでいた。その当時、この王国はヨーロッパでもっとも人口が多かった。ルイ一四世時代に、王国は人口の点で成長の只中にあって、危機によって膨大な出血を強いられたけれども、おそらく一八〇〇万人から二三〇〇万人へと増加していた。たぶんこの人的資源が、一七世紀から一九世紀にかけての、この国の軍事的偉業の最大の要因である。本章冒頭の、農民の野獣のような外観に触れたラ・ブリュイエールの有名な論説についてみると〔次ページのコラムを参照〕、それは、貧しい人びとの深刻な悲惨さというよりも、農村の現実を目の当たりにしたパリの知識人の無知さ加減を物語っている。

▼ラ・ブリュイエールがみた農民▲

三八　私たちには、いくつもの獰猛な動物どもが見える。雄も雌も、野原に広がり、黒くて、鉛色で、皆日焼けしていて、大地にへばりつき、土を掘り起こしたり、いつ果てるともない執拗さでかき回している。彼らには節くれだった声がある。彼らが足で立ち上がると、たしかに人間の顔をしている。そして実際、彼らは人間なのである。彼らは夜には巣穴に引っ込み、黒いパン、水、カブを食する。生きてゆくために、彼らは、他の人から種を蒔き、耕し、収穫する労を省いてやっている。そうして、彼らは自分が蒔いたパンに事欠かないようにしてもらっているのだ。

ラ・ブリュイエール『カラクテール』

一六八八－一六九六年

図 43　貧しき農民

出典：G. Duby, *Histoire de la France*, p. 260.

XII

「ルイ一四世はフランスに
その自然国境を与えた」

その時（一六七八年）、ルイ一四世は偉大さの極みにあった。即位以来の勝利続きで、彼が包囲して奪取しなかった要塞はなく、どの分野で彼の敵が結集してもそのうえを行き、その後六年間というもの、ヨーロッパを恐怖に突き落とし、ついにその調停者、その平和の実現者となったのである。

ヴォルテール『ルイ一四世の世紀』第一三章

自然国境という幻想

一般的に言って、もっとも古い時代から存在する国民は輪郭のよく整った地理的な枠組みのなかで発展してきた。そこから、自然が望んで領土や国家をうまく按配したのだという幻想が起こってくる。時間の経過とともに、歴史的な変転は隣り合った山々や河川の役割を強固なものとした。それ以来、それらは、そこに住む住民たちの運命と不可分のように思われている。本当のところは、人間が数百年にわたって風景を横領してきたものなのに、まるで偶然のでこぼこした地形が諸国民を彫琢したかのようである。ヨーロッパ半島の先端に位置し、三つの海〔地中海、大西洋、英仏海峡〕と、二つの障壁となる山脈〔アルプスとピレネー〕によって縁どられたフランス王国は、それだけでも神の御心にかなった、特別な運命を授けられた配置をもっているという観念を示唆することができた。より控え目に見ると、この領土の幾何学的な外観は、賢い農民であればつくりあげることができる形の土地、つまり、分別があってよく熟慮された「四角形の土地《プレ・カレ》」に似せてフランス王国がつくられたという印象を与えている。その土地は、農民の繁栄にとっても、メタファーとして君主の栄光にとっても、ふさわしいものであった。

ルイ一四世の征服活動

近世ヨーロッパにおいて、統治の原理とは、自分の力や法が許すかぎりの遠方まで、君主の影響力を推し進めることであった。自分がもつ武器と史料による証明とを両輪として前進させること、また、軍隊を自分の領土的な要求を支えるに足るものとすることは、たとえその要求の根拠が、王朝の世襲財産によるか、封建的もしくは経済的な優越権を認めた条約や地方の文書によるかであっても、君主の務めであった。ルイ一四世はそのように認識していたし、彼と同じ時代の

| 1598年のフランス王国の領域
■ ウェストファリア条約（1648年）による獲得地
▓ ピレネー条約（1659年）による獲得地
||| 1661－1662年の拡大
▨ アーヘン条約（1668年）による獲得地
░ ナイメーヘン条約（1679年）による獲得地
▩ ライスワイク条約（1697年）による獲得地

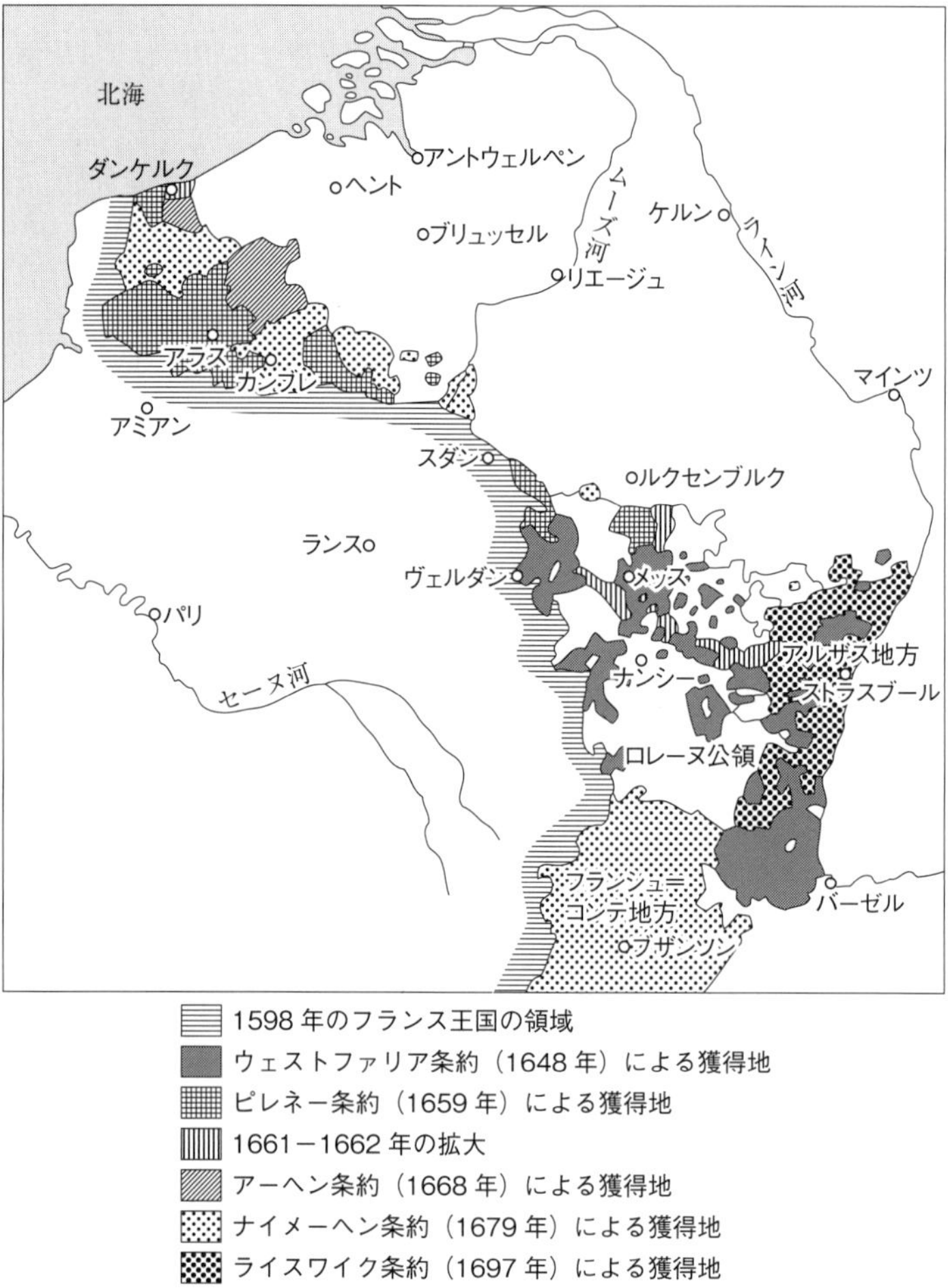

図44　フランス東部国境地図

出典：F. Bluche (éd.), *Dictionnaire du Grand Siècle*, Paris, 1990, p. 627.

Louis XIV a donné à la France ses frontières naturelles

他の君主たちも同様であった。たまたまルイ一四世がヨーロッパ大陸のなかで、もっとも人口が多く、もっとも肥沃な国の頂点にいて、彼はそのことを非常によく知っており、この国のエリートたちも同じように、それを確信していただけにすぎない。

そのうえ、ルイ一四世は、先代の王たちから、一貫して野心的で攻撃的な政策を受け継いでいた。重要な領土の拡大は、ロレーヌ公領内のいわゆる「三司教領」（一五五二年のメッス、トゥール、ヴェルダン）を征服したアンリ二世や、ブレッスとビュジェを奪取した（一六〇一年）アンリ四世によって得られた。とりわけ最後に、ハプスブルク家に対する戦いにおける圧倒的な兵力の投入が、ついに勝利をもたらした。その戦争で、王国はアルザス地方の大部分を手に入れた。その獲得はウェストファリア条約で認められた――この条約により、三〇年戦争は一六四八年に幕を下ろしたのである。ルイ一三世の軍事の成功は幸運な一六四〇年に集中しており、スペイン人に対して、北方ではアルトワ地方を、南方ではルシヨン地方を双方とも力づくで獲得することができた。これらふたつの地方のフランス王冠領への帰属は、ピレネー条約によって承認された（一六五九年一一月七日）。

親政時代において、ルイ一四世は、フランドル方面では、一六六二年にダンケルクを買収し、一六六七年にはリールを占領した。一六七五年にはフランシュ＝コンテ地方を、一六七七年にはエノー地方の一部（モーブージュ、ヴァランシエンヌ）を征服し、一六八一年には自由都市ストラスブールの併合を追加した。一六六〇―一六八〇年代には、フランドル、ワロニー、ライン河、ピエモンテ、カタロニアなどの方面で別個の領土の征服や占領もあったが、最終的には一六九八年にヨーロッパ列強の圧力のもとで返還された。フランスにもっとも隣接した領域であるロレーヌ公領と、ピエモンテ＝サヴォワすなわち本来的なサヴォワ領とニース伯領は、しばしばフランスの将軍たちによって侵略された。彼らは、これらの地域を軍事面での進路の単なる延長として利用することに長らく慣れていた。それでも、外交交渉のテーブルにつく時には、こうした領土の固有の権利は最終的に認められ、それらの領有権はいつもそれらの正統な君主に返還された。

♆征服地の統治

このような領土獲得は軍事力によっておこなわれたものであるが、時にはその住民たちを満足させることもあった。古くからのフランスの地方であるピカルディ地方とシャンパーニュ地方の境界領域や、もとはブルゴーニュ公領に属し、遺産相続によってスペインの王冠に帰属したネーデルラント地域内のアルトワ、フランドル、ナミュール伯領、ルクセンブルク伯領では、その境界線ははっきりと目に見えるものではなかった。境界線は、風景のなかにも、慣習の精神のなかにも、経済的な仕組のなかにも印されていなかった。その結果、これらの地域の臣民は気まぐれな戦争に慣れ、主権の変更にも驚かなかったし、時折は強大なフランス王の支配のもとへの移行を好意的に歓迎さえした。

とはいえ、それとは逆に、征服された国に属する人びとは、侵入軍の常套的な乱暴狼藉や、フランス人の傭兵隊ないしフランスに雇われた傭兵隊の特別な評判や、フランス人が要求する課税や、地方の自由や特権が侵害されるのを懸念することも多かった。アラスやリールの人びとはカトリックの宗教活動を気づかっていたし、ストラスブールの住民はルター派の信仰の維持に執着していた。フランシュ＝コンテやカタロニアの多くの人びとは、穏健で遠方にあるマドリード〔スペイン〕の後見の方を懐かしんでいた。そのうちの幾人かはスペインへの復帰のために陰謀さえめぐらせ、あるいは、フランスの侵入者に対して小規模な奇襲戦をも挑んだ――これらの人びとは、フランシュ＝コンテでは「森の狼」、ニースでは「山賊団《ミクレ》」、ルシヨンで「翼の天使団《アンジュレ》」と呼ばれた。

パリによるか、マドリードによるかで、統治の方式の間に大きな違いがあったことを指摘しておく必要がある。スペインの王冠が雑多な主権の寄せ集めであるという伝統は、良くも悪くも、さまざまな地域の制度、慣習、階層秩序をすべて尊重したのに対して、フランスの方式はたいそう論理性や統一性を重んじていた。たしかに、新しい臣民の習慣と衝突しないようフランス政府の命令が出されていたし、事実、近世の社団的な構造は、さまざまな特権、言語、法的慣行の追加を容易にしていた。アルザス地方の諸都市やルシヨン伯領はそのよい例である。しかしながら、征服された地域にフランス人がやってくると、彼らは「地方長官と地方総督」をカップルで設置し、それぞれが自分の権威のもとに少なくとも王税の部分的な導入を取り仕切ることとなった。やがて、ひとつの最高会議が地方の既存の法的機関に取って代わった。それらの会議で任命された司法官は、フランスの法体系の導入に努めた。その代わり、王国への編入には利点もあった。平野部の安全保障、商業の拡大、名士にとっては役人としてのキャリアや威信の獲得の可能性である。その結果、長い目で見れば、このような統合は申し分のない成功であった。

このような領土の併合や返還には、近くにあるという明白な理由以外に、地理的な動機を求めてはならない。一九世紀において人びとが思い描いたような国民的なアイデンティティの要素は考慮に入っていなかったし、宗教的一体性、話される言葉の一致、地形の適合性もこうした選択を導かなかったのである。「自然国境」の追求という仮説は、自分たちの物語を明確にするために、歴史家たちがことさらに付け加えた時代錯誤的な表現でしかない。ただし、それは、王や大臣たちが王国の領域を拡大しようとか、とくに仮想敵国に手強いものに見える極限にまで王国の領域を刻みつけようという意図をかなり正確に示すものではあった。

ヴォーバンの要塞線

陸と海のすべての境界に要塞を組織的に構築することは、自然と人間の営為の双方によって難攻不落となる領土という印象をきわだったものにした。ある野心的な政策は、領土を「鉄の帯」

で囲むことを望んでいた。イギリスの襲撃によって脅威に晒されるすべての海岸や、王国に入るすべての街道（アルプス越えの道、ピレネー山地を東や西に抜ける道）や、ライン河や、とくにどんな自然の防禦拠点も軍隊の進行を阻止できない北東部の大平原の各所にわたって、古くからある城壁が強化され、まったく新しいいくつかの要塞の建設も試みられた。

誰もが知っているように、こうした作戦の責任者はセバスティアン・ル・プレートル・ド・ヴォーバン（一六三三―一七〇七年）である。一六六七年以来、彼は王国の軍事技師長であり、一六七八年に要塞総監督官の称号を受けた。建築に熱中し、やがて包囲戦の技術の玄人となったルイ一四世は、個人的にもこうした企画を支持し、かなりきめ細かく指導した。全体として、約三〇年間の活動期間中に、ヴォーバンは三四の要塞を新たに建造し、別の一〇〇ほどの要塞を修復した。それらをすべて列挙しなくとも、もっとも大規模な工事として、ダンケルク、リール、ル・ケノワ、フィリップヴィル、ヴェルダン、バイヨンヌ、サン＝マルタン＝ド＝レが、また、軍事的なもの

図45　ヴォーバン

図 46　ヴォーバンが建設・修復した主な要塞

出典：J. Cornette, *Absolutisme et Lumières, 1652-1783*, Paris, 2000, p. 84.

以外にどんな都市機能ももたない、まったく新しくつくられた要塞都市としてサールルイ、ヌフ＝ブリサック、ユナング、モンドーファン、モンルイ、ヴィルフランシュ＝ド＝コンフランなどが想起される。毎年夏休み中にこれらの要塞を訪れる観光客に向けられる冗談話はもっと先まで進んでいて、フランスではアンリ四世が宿泊しなかった城館がほとんどないのと同じように、みごとな城壁でヴォーバンの手が加えられてないものはないということである。

外交交渉による領土の獲得

国境の明確化はまた、外交交渉による試みでもあった。線でつながり、直角に交わる国境というイメージは次の時代に生まれたものである。一七世紀には、諸国家はさまざまな権利による境界で仕切られていた。たとえば、忠誠の義務、領主への貢納、漁業の慣習、水車の権利、一〇分の一税の権利などは、時として主権が及ぶ最後の村落を越えて広がっていた。突出した場所、飛び地、通行権といったものが境界を帯状に描いており、そこでは、隣の人がフランス王、スペイン王、リエージュ司教のうちの誰に属しているかがよくわからなかった。そこで、ナイメーヘンの和約（一六七九年）の成功の後、フランス人が強く意識した覇権の確信は、法的・歴史的な主張に基づき、また、威圧的な軍隊の集中にも支えられて、まったく平和裡に領土の獲得の試みを提起することができたのである。

一六七九年以降、外務卿であり、有名な大臣〔財務総監コルベール〕の弟でもあるコルベール・ド・クロワシーは、この政策を推進した。とりわけメッス高等法院のひとつの法廷は、フランス王の古い証書の調査の任務を与えられた。このようにして、モンベリアール伯領（一六八〇年）、一六八一年九月に遮掩部隊〔小人数の攻撃と思わせて敵軍を油断させ急襲する戦法〕の脅威に晒されたドイツ帝国自由都市ストラスブールの領域、一六八四年六月に長期間の包囲の後占領されたルクセンブルクの都市と要塞は、フランス王国に「併合」された。この時期は、ルイ一四世によるフランスの領土的な要求の絶頂期を印している。アウクスブルク同盟戦争（ドイツ皇帝、大半のドイツ諸侯、スペイン、スウェーデンによって形成されたアウクスブルク同盟に、オランダ、イギリス、サヴォワが加わり、フランスと対抗した戦争）の後、ライスワイク条約の締結（一六九七年一〇月）のために派遣されたフランスの使節は、ロレーヌ公領、ルクセンブルク伯領、モンベリアール伯領についての要求の放棄に同意せざるをえなかった。しかし、それでも、王がストラスブールの領有を認められたのは重要な点である。

よく知られているように、フランス本国でルイ一四世以後の領土の拡大は、ルイ一五世時代のロレーヌ地方の相続（一七六六年）とコルシカ島の獲得（一七六八年）、そして最後に、ナポレオン三世時代の、国民投票を経た後のサヴォワ公領とニース伯領の獲得（一八六〇年）である。私たちが多少なりとも自然国境とか、河海や山々でぼんやりと描かれるある種の六角形といったことを口にするのは、これらの日付の後にすぎない。この強烈なイメージはずっと遅くになって考えられた。それは、どんなに偉大な人物であっても、ある指導者の政治的意思に基づくというよりは、偶然的な出来事によっているのである。

▼ラヴィスからみて、ルイ一四世がしなければならなかったこと（一九一一年）▲

一九〇三年から一九一一年にかけてタイヤンディエ社から出版されたエルネスト・ラヴィスの一八巻からなる記念碑的な『起源から革命までのフランス史』は、フランス国民の数百年にわたる運命を弁護し、フランス国民の完成を望んだ第三共和政のいわば正統化の書である。この共同作品のなかで、エルネスト・ラヴィスはルイ一四世の統治に割り当てられた二巻分を自ら執筆した。その著作の最後に、この歴史家は総括的な批評をおこなった。この考察は、どちらかと言えば個人的なもので、「全体的な結論」の数ページに要約されているが、少なくともその口調はとても厳しいものであった。

「戦争の継続、贅沢品への常軌を逸した莫大な出費、コルベールでさえ陥っていない度を過ぎたコルベール主義の誤り、労働の意欲を失わせるのにもっともふさわしい悪化の一途をたどる財政制度の欠陥、ナント勅令の廃止、それに続く国力の減退は、どんなに悪い時でも忍耐と努力が称賛される勤勉な国を悲惨な状態へと追いやった。それについては、多くの、確かな、悲痛な証言で確かめられる」。そのあとで、ラヴィスが列挙するのは、「宗教政策の失敗」、専制主義的な政治形態の束の間の成功、特権の維持、それと、「やがて《アンシアン・レジーム》と呼ばれるようになるもので、無用で有害ながらくた品や、ボロボロになった装飾品や、義務がないので悪習となるばかりの法律で構成される、長い過去の瓦礫の山」の維持である。

　もっとも、ラヴィスは、ルイ一四世がフランシュ＝コンテ地方、フランドル地方やエノー地方の一部、カンブレジを征服したことで「王国の拡大」に貢献した功績を認めている。だが、称賛はそこまでである。事実、不思議なことに、ラヴィスはルイ一四世がそれ以上進まなかったこと、ベルギーの併合に失敗したことを非難している。

「わが国民の領土の歴史のなかで、得られた成果がどれほどに目覚ましいものであったとしても、一六六二年という時点におけるあれほどに強いフランスと、あれほどに弱いヨーロッパの状態は、フランスがより多くを望むことを可能にしていた。ここで繰り返しておく必要があるのは、スペイン領ネーデルラントの併合がフランスにどれほど大きな価値があったかについてである。そのようにすれば、国境にあまりに近すぎるパリを王国の中心とし、国民の一体性のなかで北部と南部の才能や気質を均衡させ、フランスに勤勉で豊かな人びとの参入をもたらし、その海岸線をエスコー河の河口にまで延長し、アントウェルペンをダンケルク、ボルドー、マルセイユに付け加えたことであろう。その征服は、暴力なしで自然に、また、住民の感情をさほど害さないでできたのである。今日では犯罪にあたることも、その当時はそうではなかっただろう。マドリードに臣従するベルギーの諸地方を形づくってきたのは、結婚と相続の偶然である。たしかに、これらの地域は、ブルゴーニュ公国の時代からともに生きる習慣で結ばれ、共通の運命を意識し、オランダの隣人であることほどにフランスの隣人であることを好んではいなかった。しかし、祖国べルギーという観念はまだ生まれてなかったのである。一七世紀に獲得されたアルトワやフランドルの諸都市はすぐさまフランスの都市となったが、それでも愛国的である。それはちょうど、命を失ったドイツから分かれたアルザスが非常に早くフランスに宗旨替えしたのと同じである」。

「同じく繰り返しておく必要があるのは、コルベールとセニュレー〔コルベールの子息で海軍卿となる〕のフランス、ダンケルク、ブレスト、ロシュフォール、ボルドー、マルセイユのフランス、カナダ、ルイジアナ、アンティル諸島の植民地をもつフランスは、コルベールが言っていたように、《海の強国》《陸の強国》となることができた。陸海の軍事力の結合によって、彼は《軍事面における十全たる力》を確保しようとした。一六八九年においてもなお、王の海軍力はイギリスとオランダが連合した海軍力に匹敵していた」。

「おそらくネーデルラントの併合や大きな海軍力の創設は、非常に激しい抵抗に遭遇したであろう。そのため、水陸ふたつの使命を追求するのは、フランスにとってつねに困難であると、人びとは用心して言ったものである。しかし、当然のことながら、次のようにも考えられるだろう。千載一遇のチャンスを与えられたルイ一四世が、もし他人を侮辱することで自己の栄光を獲得するという固定観念をもとに煩雑で矛盾する意図をもった政策を取らなかったならば、最善の解決策を引き出せたであろう、と。用心深さ、手練手管、思い上がった行動という取り合わせは、これまで長らく築いてきた方策を一瞬にして台無しにしてしまった。誰から暴力を受け、軽蔑され、欺かれたのか、皆はよく知っていた。その結果、同盟国側はつねに拡大してゆき、ついにはヨーロッパ全体を包み込んでしまうに至ったのである。ひとりの人物に率いられた果てしのない戦争政策。その人物は、立派な《参謀本部の将校》の資質はあるが、将軍の頭脳や、兵士の心臓はもっていなかった」。

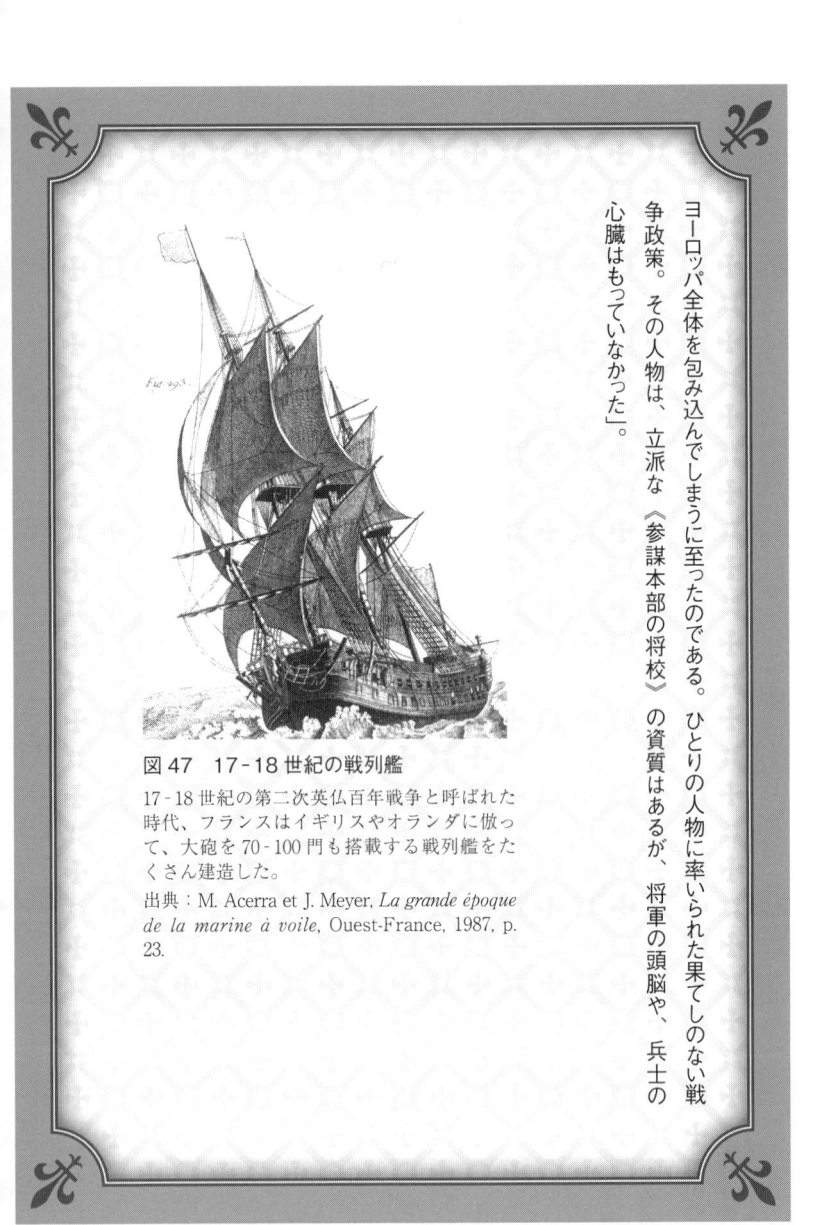

図 47　17 - 18 世紀の戦列艦

17 - 18 世紀の第二次英仏百年戦争と呼ばれた時代、フランスはイギリスやオランダに倣って、大砲を 70 - 100 門も搭載する戦列艦をたくさん建造した。

出典：M. Acerra et J. Meyer, *La grande époque de la marine à voile*, Ouest-France, 1987, p. 23.

XIII

「ルイ一四世はフランス革命の先駆者である」

歴史が真の科学であるとは、それぞれの時代のなかで、大きな変化を準備した密やかな傾向に注目することである。

ボシュエ『世界史論』第三巻―二、一六八一年

傲慢な王

本章のタイトルで示した命題は、パラドックスに思われるかもしれない。むしろフランス革命期の諸議会が排除しようとした君主と同じモデルとしてルイ一四世を描こうという誘惑に駆られるからである。ルイ一四世ひとりだけの権威主義的な権力の行使という記憶は忌まわしいものと

図 48　民衆の係争を解決するルイ 14 世

臣民の訴訟を裁くことが、中世以来、王の仕事と考えられていた。
出典 : P. Goubert et D. Roche, *op.cit.*, t-1, p. 219.

判定され、一八世紀末の人びとは、彼の人格、行為、態度を「アンシアン・レジーム」を排斥する直接的な理由と見なしていた。革命期の法律家であるメルラン・ド・ドゥエはその著書『判例集』のなかで歴代の王を非難しようとして、ルイ一三世には気まぐれを、ルイ一五世には気の弱さを、そしてルイ一四世には「アジア的な傲慢さ」というレッテルを割り振った。

フランス革命に続く世代の人びとは、ルイ一四世の統治については、豪奢好みで破滅的な外見、並はずれた傲慢さ、多くの人命を奪う戦争、食べ物にも事欠く年代といったことしか記憶に留めようとしなかった。たしかに、王をヴェルサイユの小さな世界に閉じ込めることは、そうした破滅的な印象を定着させるのにとても重要であった。君主の隔離は、非常に古くからある、次のような王権のイメージを消し去ってしまった。すなわち、君主はパリの人びとと喜びも苦しみもともに分かち合い、地方を巡幸し、もっとも遠方にいる臣民からも見られるというものである。近くにいて、親しみやすく、嘆願書を持参する人にはいつも接し、樫の木の下で裁判をおこない、三部会の集会で陳情書に耳を傾けるといった王のユートピアは、君主政のもうひとつの解釈、つまり、みごとな王城や宮廷人の群れに隠れて、ただ垣間見られるだけの眩い君主という解釈へと席を譲ったのである。

⚜ルイ一四世の中央集権化策

もっと長い時間の流れで見ると、ルイ一四世の選択と、フランス革命やナポレオン帝国の政策によって採択された方向性との間に類似点を見出すのは不可能ではない。

第一に、ルイ一四世は、各地に派遣された地方長官にある種の全権を与えることで、中央集権的な方針を決定的に打ち出した。彼の治世中に実現されたもっとも大きな行政改革は政治の統一化への傾斜であるが、そのことをコルベールやルーヴォワといったもっとも影響力のある大臣たちがはっきりと望んでいた。刑事訴訟の法典、河川・森林の法典、商業の法典などの布告は、法の統一および地方分権の廃棄を狙ったものである。ようやく一六九〇年代に入って、ヨーロッパの連鎖的な抗争と天候不順による災害の勃発のため、一連の法律の省察や法典の編集は中止された。

とりわけ自己の権力に執着する中央権力は、すべての競合的な活動団体を、経験則にてらして、ゆっくりと着実に消滅させていった。その政治的な感性がもっともよく知られるのは宗教の分野である。プロテスタント教会の諸団体に課された制約、ついでその信仰の禁止は、もっとも恐るべき決定だった。それほど悲劇的ではないにしても、聖体協会（一六三〇年頃ヴァンタドゥール公爵アンリ・ド・レヴィによって創立され、タルチュフ事件やモリエールの演劇の禁止を通して、演劇のモラルの論争を活性化させた）の禁止や、ポール＝ロワイヤル派の信徒に対する長期間にわたる嫌がらせは、まったく同じ不安に取りつかれた監視という性質を帯びたものであった。ローマ教皇庁に対する王の態度は、猜疑心の強い傲慢さを証明している。フランス法曹界の多数派の支持を得るとすぐさま、王は、ローマ教皇がフランス王国内の聖職者に対して精神的にも物質的にも有する大権を、権利の濫用であると非難した。もっとも、一六八〇年代には、ガリカニスム的なシスマ（フランス国教主義によるローマ教皇庁からの分立）という仮説にしばしば言及することができるほどに、当時の社会全体の反映として、大半の司教は国家の権利を支持する心づもりができていた。

社団の再編

都市権力に対する王権の攻勢は、ルイ一四世に先立つ治世のもとでは大まかにしか試みられてこなかった。それまで都市は、都市法を有するもっとも小さな集落までもが都市団体の執行部の選挙を自由におこない、地方の商取引にかける税収を自由に使用し、城壁や民兵を維持していたのである。ところがルイ一四世時代になると、都市の予算は、伝染病が流行した時や物価が高騰した時の貧民を救済するための伝統的な出費以外に、戦費（軍隊への物資供与、軍隊の宿泊税、臨時的な付加税など）にかなりの部分が割かれようになった。その結果、都市金庫は一六四〇年代から破綻に瀕するようになったが、その時政府当局は、それらを怠慢とか腐敗のかどで告発し、それらの管理を地方長官に引き受けさせた。都市金庫には、国務会議の許可や監督がなければ、どんなにわずかな税の賦課も禁止された。

このように、王権による財政の後見権を媒介として、都市はすべての自治権を失ったのである。一七世紀末には、王権と都市の係争点はもはや都市役人の選挙の廃止しか残ってなかったが、それらの官職も売官職へと変更された。都市財源の没収や、助役や執政といった都市役人の威信の剥奪は、ルイ一四世時代の数十年間にわたる都市史のなかで、うなりをあげるような騒々しさで読み取ることができる。アンリ四世時代の都市の自治能力は、ルイ一四世時代に、いたるところで規範となっていた地方長官の強権主義と好対照をなしている。

同様に、その時点で、貴族という特別な活動団体も消え去る運命を宣告された。一七世紀の初めにおいて、王国のなかの貴族はなお社会的に開かれたエリートであり、貴族身分への入会資格は皆の同意に基づいていた。貴族的に生きるとは、すなわち、武器を所持し、豊かであるか貧しいかはともかく、自分の土地の収入で生計を立てることであり、それが彼の同輩から承認され、周辺の貴族の集会に出席し、猟犬で狩猟をし、自分の子どもたちを同じような地位の家族のなかで結婚させることを可能にした。

ルイ一四世の親政が始まると、一六六三年、貴族の称号を確認する大がかりな調査が開始された。それはルイ一四世がはっきりと望んだもので、都市の場合と同様に、貴族についても、競合する権力の打倒を王は求めていた。貴族を名乗る者は皆、自分の身分を示す書かれた証拠を持参するよう命令された。このやり方は、近年に官職を購入した人びとには簡単だったが、その代わり、非常に古い家柄の人びとは、自分たちの名誉を証明するよう小役人が要求することに屈辱を感じた。実際のところ、暴かれた「偽貴族」は多くの戦場で働いた老兵士たちで、彼らが住んでいる地方では名誉ある人と認められていた。

すべての地方で厳格に実施されたこの調査は、王の法律家に従えば、貴族身分が国家的な名誉以外の何ものでもないということを露骨に思い起こさせた。今から振り返ってみると、この調査は、社会関係を国家管理へと移行させる重大な分岐点と考えることができる。キャリアを積む必要性や、また、たとえわずかな期間でもヴェルサイユ宮殿に滞在するという野心は、貴族の新しい従属関係をはっきりとさせた。やがては貴族に対する世論の視線も変わっていくだろうし、貴族はもはや時間と武力と忠誠によって獲得される団体ではなくなり、ただ単に国家から特権を与えられる集団となるだろう。この特権集団については、まずもって経済的な寄生状態が、また、変わりやすい政治的な概念との結びつきが注目される。

国家権力の肥大化

軍隊の人数の増加、技術的な能力や長い訓練の必要性は、軍事ポストの専門職化を導いた。新しい等級や昇進の地位の創設、兵舎の建設、傷病兵の救済という観念は、そうした専門職化の段階に見合ったものであった。社会集団のすべてにわたって、ある種の軍国主義化が起こり始めていた。これまで軍隊は志願制に依存していたが、この時期から、若者に軍役を課すという考え方が現れたのである。軍役が義務化される（ようやく一七九八年のジュルダン法によって制定されたにすぎない）よりもずっと早く、国家的な新しい要求の最初の形態が現れていた。すなわち、海で仕事をしているすべての人びとを王が所有する艦船で定期的に奉仕するよう強いる一六七二年の海員登録制と、各々の自治体に民兵の補充兵を供出させる一六九六年の強制割り当て制である。

図49　兵士の徴募ポスター

国家による干渉はとうとう経済にまで広がった。ルイ一四世の大臣たちは、王国の強大化にとって必要と見なされる斬新な技術の利用や新しい富の創出が、政治の統制なしにおこなわれるとは考えもしなかった。奢侈品の生産に特化した工場の設立、遠方の海域に出向く貿易会社の創設、塩の生産に倣って新しく独占的におこなわれたタバコの栽培、造船所や海軍工廠の発展は、国家の後見がなくては思いもよらなかった。ようやく政府が商人たちのイニシャティヴにもっと進んで頼ろうとしたのは、工場経営の赤字や、植民会社の倒産という明らかな事実があってからのことである。

一六六一年、ルイ一四世による君主の一撃とともに、ようやく政治的な統一化のプロセスが本格的に始まった。それは、フランス革命やナポレオン帝国の文書のなかにその帰結をもつことになるだろう。その時点でなされた国家の肥大化という選択は、たしかにルイ一四世の個性的な性格に基づいているが、同様に、彼の世代全体に基づいたものでもある。フランス史上のすべての偉人と同じく、ルイ一四世は足跡を刻みつけているが、それと同時に、集合的な期待感によって、そのように導かれてもいたのである。彼の統治は、その長さにおいて例外的なもので、その後長きにわたってフランス人のさまざまな政治概念の方向性を定めた。彼の統治はいくつかの強烈な傾向を予告しているが、一七八九年から生まれた諸々の政治体制は、それらを各自の論理的な極限へと推し進めていくことになるだろう。

▼トクヴィルによるアンシアン・レジーム論▲

おそらくフランス革命ほど強力で急激な、破壊的で創造的な革命はかつてなかった。にもかかわらず、フランス革命からまったく新しいフランス国民が生まれたとか、フランス革命がそれ以前にまったく存在していなかった基礎のうえにひとつの建造物をつくったと考えることは、途方もなく大きな誤りであろう。フランス革命は数多くの付随的で二義的な事柄をつくったが、主たる事柄の萌芽を発育させただけにすぎない。それらは革命以前に存在していた。革命は大義そのものというよりもむしろ、大きなひとつの大義の諸結果を整理し、体系化し、合法化したものであった。

フランスでは、社会の諸条件は他の国ぐによりも平等だった。革命はこうした諸条件の平等を拡大し、平等の原理を法律に導入した。フランス国民は、他の国民よりも先に、しかも徹底的に、中世の封建的な断片や個別の仕組みを放棄した。革命は全地域を統一し、それでもって単一の集合体の形成を完成させたのである。

フランス人にあっては、中央権力は世界の他のどんな国よりも、すでに地方行政を掌握していた。革命はこの中央権力をより有能に、より強く、より活動的なものにした。

フランス人は他のすべての国民よりも早く、しかも明晰に自由の民主主義的な観念を抱いていた。革命は国民自身に、主権の実体のすべてとは言えないにしても、少なくともその外見のすべてを与えた。

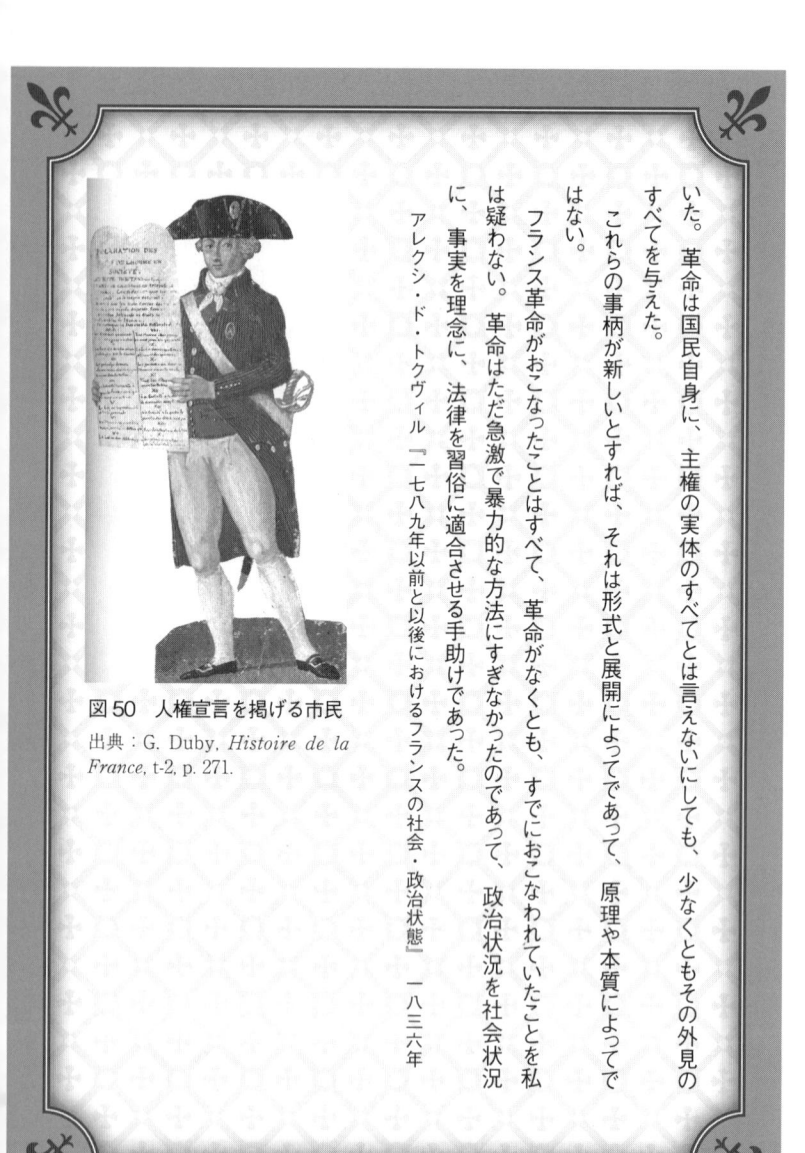

これらの事柄が新しいとすれば、それは形式と展開によってであって、原理や本質によってではない。

フランス革命がおこなったことはすべて、革命がなくとも、すでにおこなわれていたことを私は疑わない。革命はただ急激で暴力的な方法にすぎなかったのであって、政治状況を社会状況に、事実を理念に、法律を習俗に適合させる手助けであった。

アレクシ・ド・トクヴィル『一七八九年以前と以後におけるフランスの社会・政治状態』一八三六年

図50　人権宣言を掲げる市民

出典：G. Duby, *Histoire de la France*, t-2, p. 271.

XIV

「ヴェルサイユの建設工事が国を滅ぼした」

ルイ一四世は、自分の傲慢さを満足させるために、臣民の金を気前よく使った。彼の宮廷と彼が建築させた宮殿、とくにヴェルサイユ宮殿には、莫大な費用がかかった。

ラヴィス　一九〇一年

⚜ヴェルサイユの造営費

いつの時代でも、国家のこれみよがしの出費は、もっともよく批判され、すぐさま不人気となるものである。そのような贅沢な出費は、本来的に人目を引きつける。なぜなら、その出費の決定はまさに君主の威信の本分に属し、また、君主の文芸保護者としての快楽に属するからである。それぞれの時代には、国家の祝祭行事や公的建造物に対して、それなりに応分の出費があるものと考えれば、その割合は今日ますます増加していることを認めなければならないだろう。今日では、こうした費用はあらゆる予算項目のなかに隠されていて、新たに計算し直されることなどけっしてない。

一七世紀の行政がまだシンプルな構造をもっていたなかで、それらの大金は宮廷を担当する国務卿、より正確には建築長官が管轄していた。一九〇一年、きめ細かく仕分けされた会計文書がジュール・ギフレーによって公刊された。この史料のおかげで、歴史家のフランソワ・ブリュシュは、国家の支出のなかでヴェルサイユの工事の費用を毎年三パーセント以下であると見積もることができた。そして、ブリュシュは、ラヴィスや彼の時代の公的な歴史によって確かだと思われてきた、眩暈を起こさせるような莫大な工事費という常套句に異を唱えたのである。

事実、ルイ一四世が親政をおこなった約五〇年間について、ヴェルサイユを含めて、国家に属するすべての建造物の工事に支出された金を合計すると、一億リーヴルを少し欠ける程度になるだろう（通常年度における国家支出のほぼ一年分に相当する）。その価格で、望ましい成果が得られたのである。それでも問題として残るのは、それが途方もなく膨大で、前代未聞で、前例がない企画だったこと、王の在世中から、その企画をつねに補修する必要があったこと、そして、それを維持するために、将来にわたって膨大な予算を動員することであった。その予算は、今日ではかつてない規模になっている。

ヴェルサイユ宮殿の建設工事

一六六一年以来、若き王は、パリの南西部にあって、森が深く、獲物の多いこのヴェルサイユの地で工事を始めていた。ルイ・ル・ヴォーやフランソワ・ドルベーといった建築家は、その土地に一世代前のルイ一三世時代に建設されていたレンガと石でできた建物を包み込み、拡大するようにとの命令を受けた。この建物は、節約のため、東側ファサードの中核部分をなしていたが、今日、パリからやってきた時に、まず目に入るところである。王にとって、かなり田舎風のこの居館を選択したのは、しばしば指摘されているように、パリで起こるかもしれない蜂起の危険からの逃避を意味してはいなかった。むしろ問題は、自分ひとりのための、彼の世代の趣向にあった建物を手に入れたかったのである。これ以外の王城では、歴代の王の手が入りすぎていて不都合な束縛になっていたし、過ぎ去った時代の不確かな思い出も邪魔になっていた。そのうえ、この地所が庭園を見渡すかぎり自由自在に拡張できることも（今日では八〇〇〇ヘクタール）、人工的な植生や、人間による風景の支配に対するルイ一四世の特別な好みに合致していた。造園の立案者はアンドレ・ル・ノートルで、庭園の改修工事は建物よりも早く、一六六一年から一六六六年に進められた。

一六七七年になってようやく、王は、時宜を見て権力機構のすべてをヴェルサイユに移転させるとの決定を下した。実際に宮廷がそこに居を定めたのは一六八二年五月である。工事はけっして中断されることがなかった。宮廷が設置された時、宮廷の仕事は土木工事のための労働者の行き来と折り合いをつける必要があった。一六七八年から亡くなる一七〇八年まで、工事はジュール・アルドゥアン＝マンサールによって指導された。一方、内部装飾は画家のシャルル・ル・ブランに委ねられた。宮殿の礼拝堂については、五回にわたって建設がおこなわれたが、最後の「大礼拝堂」が完成したのは、ようやく一七一二年である。生涯を通じて、王はヴェルサイユの企画に情熱を傾けた。その点で、彼は建築の才というほどではないにしても、少なくとも建築物について優れた判断力をもっていることを自慢していた。彼に仕える芸術家たちもその点を考慮して、たとえばアルドゥアン＝マンサールは、鏡の間について六つの窓のモデルのなかから出資者である王の選択に委ねた。工事現場の視察ほど王が好きなものはなかった。一六八七年七月、大トリアノンの工事の間、王はひとつの園亭を設営させたと言われるが、そこで彼は、工事の進行具合を自分の目で追いかける喜びを失わずに、閣議の議事を取り仕切ることができた。

図 51　マントノンに残された水道橋の遺構

一六六〇年代以降は、毎日、二万五〇〇〇人が工事に使役された。ダンジョー侯爵（ルイ一四世に仕えた侍従で日記を残す」によれば、雇用のピークは一六八五年である。その時点で、この土地に水を引き入れるための土砂の運搬工事に、現場では約三万六〇〇〇人が働いたと言われる。計画によれば、ウール川の流域の水を巨大な水道橋で運んでくるというものだった。その時に使用されなかったいくつかのアーチが今でもマントノンに立っている。残念ながら、建築現場で頻発した事故に加えて、その年、何千人ものスイス人やフランス人の歩兵が瘴気熱に罹って死亡した。その病気を引き起こしたのは、土を掘り返した時に溜まった池の淀んだ水であった。結局、この計画は未完成のままとなった。

工事請負業者との取引契約は、いつも注意深く監督された。国家による支払はしばしば数ヵ月から数ヵ年にわたって滞ったが、大きな発注の保証と労働者や職人の絶え間のない雇用がイル＝ド＝フランス地方における事業を活発にした。同様に、これらの建設工事で雇用されるリムーザン出身の石工の群れや、何百人というベアルン出身の大理石工を考慮に入れると、この工事の請負事業は他の多くの地方にも利益を与えていた。

自分の権力の舞台に自分自身が飽きるようなことが起きると、ルイ一四世は隣接した隠れ家にしばしの静けさを求めることができた。一六七〇年、モンテスパン夫人の要望で、ヴェルサイユの地所のなかでトリアノンと呼ばれたかつての集落跡に「陶器の館」という名のひとつの別荘がつくられていた。その建物は一六八七年に取り壊され、より大きな建物に取り換えられ、大理石のトリアノンと名付けられた。王はもっと私的な場所に引き籠ることを選択することもできたが、

図 52　マルリーの機械

ヴェルサイユやマルリーの離宮の泉水にセーヌ河の水を引くための揚水機。160 mの高さまで水を汲み上げ、そこから水道橋を通して水を送った。1681年着工、1684年完成。

出典：G. Duby, *Histoire de la France*, t-2, p. 173.

それは「内なるアパルトマン」と呼ばれた。その建物は一六八四年以後、かつてモンテスパン夫人が寵愛を得ていた時に住んでいた場所を改装してつくられた。最後に、王がもっとも頻繁に訪れた隠れ家は、一六七九年から一六八六年の間に建設させたマルリー城であった。

　装飾に関するプログラムについては、王の注意をひかないものは何ひとつとしてなかった。その目的のために、王は秘密の小会議を招集する慣習をもち、そこで、プラン、テーマ、芸術家の選定を吟味し、細々とした助言や命令を伝えた。たとえば、鏡の間やそれに続くサロンの部屋で、一六七六年から一六八六年にかけて描かれた格天井のそれぞれの場面は、ルイ一四世が称えようと選択したエピソードを描いたが、そこには、親族でも、同盟者でも、仲間でも、奉仕者でもなく、他の誰でもない自分が行動するさまが描かれることを望んだのである。注目すべき点は、絵画の主題がすべて現在という時点と結びついていたことである。フランス君主政の一〇〇〇年に及ぶ過去や、自分の祖先である歴代の王たちの年代記は、どこにも見当たらない。唯一の目的は、ルイ一四世の人格と治世の称揚であった。神話や古代史の情景のようなそれほど自己中心的でない主題を見つけるには、王妃の部屋に行く必要があった。

ルイ一四世以後のヴェルサイユ

称賛されるにせよ、嫌悪されるにせよ、ルイ一四世は、その後数百年にわたってヨーロッパ中で模倣された。一八世紀を通じて、ストックホルム（ドロットニングホルム宮殿）、ベルリン（サン＝スーシ宮殿）、ミュンヘン（ニンフェンブルク宮殿）、リスボン（シントラ宮殿）、その他の場所で、首都から離れ、庭園で飾られ、建築美と大貴族の快楽の舞台と統治の技術とを組み合わせたすばらしい宮殿をもとうとしなかった君主はいない。まさにそうした理由から、君主の城館の政治的な開花は、ヴェルサイユというモデルやフランスの君主の威信に帰されるのである。また、以上に述べたことと矛盾するのではないが、その当時のヨーロッパ諸国にすでに現れていた、中央集権化の要請と君主のスペクタクルの義務とを結びつける政治的な必要性にヴェルサイユの事例がうまく適合したとも言えるだろう。

政権の所在地とか、快適な住居という以上に、ルイ一四世は彼自身と国家の栄光を称えるモニュメントの建設を望んでいた。彼の目論みのとおり、この傑作は彼の死後も生き延びた。宮殿の象徴的な機能は、治世や体制の交替を超えてその力を保持した。ルイ一五世とルイ一六世は、自分たちの時代の趣味に合わせて、この宮殿を拡大したり改造したが、君主の居館と権力の機能的中心という結合関係はそのまま維持した。一七八九年にドラマティックな宮殿の放棄があった後、ヴェルサイユの町はその重要性をすべて失った。それでも帝政期に、ナポレオンは時々トリアノンに滞在することを好んだ。ルイ一八世とシャルル一〇世は、庭園と建物のファサードを修復させたが、あえてそこに滞在しようとはしなかった。

ルイ=フィリップは宮殿の南翼に国民的な歴史の博物館を建設するアイディアをもち、一八三七年に開館させた。その政治的な目的は明らかで、この国を分裂させてきた諸党派が「フランスのすべての栄光」をともに称賛するなかで和解させることであった。戦争の大画というあらゆる党派に受け入れられる愛国主義的な意識が、フランス史上の伝説的なエピソードを集めさせたのである。間違いなく、そこには、その当時、あまりに難題と見なされていた太陽王の思い出にニュアンスをもたせようとの願望が隠されていた。

ルイ一四世への政治的な呪詛は、ピエール・ラルースが『汎用大辞典』の最初の版を編集した時、まだ薄れてはいなかった。ヴェルサイユの都市についての記述には、ごく最近にドイツ帝国が宣言されたこと、一八七一年に選出された立法議会の所在地であることが明記されている。ラルースによれば、この都市は「無言の生命、墓のような生命、君主政の墓標」をもっている（一八七九年）。

図 53　ヴェルサイユの散策に出発するルイ 14 世

出典：H. Carré, *op.cit.*, p. 201.

共和派の統治者たち〔第三共和政の指導者〕がヴェルサイユのモニュメントを彼らの芸術の概念と過去の記述のなかに統合するには、王政復古という選択肢の可能性が薄れる必要があった。

　こうして一三〇年以上が経過した。今日では、ルイ＝フィリップの考え方が支配的であると言ってよいだろう。そのすべての歴史画にはその時代の特色が刻まれているが、それはそれとして、これらの雑種混交で、美化され、熱狂的な絵画は、ヴェルサイユ宮殿の新しく持続的な使命に協力した。ヴェルサイユは数百万人の観客にとって、フランスの歴史のもっともすばらしい作品、フランス発見の重要な場となったのである。

▼二一世紀のヴェルサイユ▲

比較という点で見ると、今日、ヴェルサイユ宮殿の職員は八八〇人であるが、そのうち五五〇人が公務員で、建物の管理や景観の活用や資料の収集といった必要な仕事についている。彼らのうちには、受付と監視の担当係が四〇〇人、文化財の担当係が一八四人、庭園係が五七人、泉水係が八人、学術関係者が二一人（学芸員と資料整理係など）、職人が二一人（家具工、タピスリー工、金箔工、写真家など）数えられる。一年の予算はいくらだろうか。二〇〇四年では合計四一〇〇万ユーロ（そのうち、事務経費が三一〇〇万ユーロ）で、五パーセントを限度に宮殿自体によって賄われている。

▼マルリー城の建設▲

ルイ一四世は、美しいものと人の群れに辟易し、時々はくだらなくて、人の気配がないものが好ましいと思った。彼は、この新しい趣味を満足させてくれるものをヴェルサイユの近くに求めた。彼はいくつかの場所を訪れ、サン＝ジェルマンとその下に広がる果てしのない平野を見晴らす丘陵地を駆けめぐった。その平野では、パリの町を出たところでセーヌ河が蛇行し、多くの場所

図54　マルリー城

ヴェルサイユの北、約８ｋｍに位置。アルドゥアン＝マンサールの指揮の下、1679年から建設が始まり、1686年以降、王の滞在が始まる。1816年に取り壊され、現在は建物はひとつも残っていない。

を潤し、水量豊かに流れていた。リュシエンヌに立ち寄るようにと、供の者が彼をせきたてた。そこには、ずっと以前からカヴォワがみごとな眺めの家をもっていた。しかし、王は、そんなにすばらしい環境は自分を台無しにしてしまうだろうし、また、自分は何もしないことを望んでいるが、それと同時に、そこで何もしないではいられない環境をも望んでいるのだ、と答えた。

彼はリュシエンヌの後方にひとつの峡谷を見つけたが、それは、奥が深く、両方の谷が切り立っており、沼沢のために近づけず、何の眺望もきかない、すべてを丘陵地で閉ざされた、極端に狭い場所であり、それらの丘陵のひとつの斜面にマルリーと呼ばれる貧相な村があった。見通しのきかない囲い地で、眺望を手に入れるどんな手段もないのが、取り柄のすべてだった。拡張のできない峡谷の狭さが、それに輪をかけていた。彼は、ここなら大臣、寵臣、将軍を選んで決められると思った。道路を敷く周辺部を含めて、下水溜めのようなこの場所を干拓し整地するのはたいへんな工事であった。庵がつくられた。それは、一年に二度か三度、せいぜい一ダースほどのもっとも重要な任務にある宮廷人とともに、水曜日から土曜日までの三晩泊るだけのものだった。この庵は徐々に増築された。拡張につぐ拡張で、丘陵地は更地をつくり家を建てるために削られ、一番端の丘陵は、不完全ではあっても、少なくとも隙間越しの眺望が得られるように大幅に取り除かれた。

最終的に、建造物、庭園、噴水、水道橋、マルリーの機械の名でよく知られる非常に珍奇なもの、猟園、きれいに刈り込まれ閉ざされた森の狩場、彫像、貴重な家具という点において、マルリーは今日でも見られるようなものになった。もっとも、王の死後、それらは取り払われている。発育がよくて密生した狩場の木々は、コンピエーニュの大樹林や、もっと遠方から絶えず運ばれてきたものであったが、その四分の三が枯れそうになり、やがて植え替えられることになった。深い森や薄暗い小径のある広大な空間は、突如として巨大な泉水池に変えられ、ゴンドラに乗って散策できたが、その後は森林に戻され、木々が植えられた時から、日の光の届かない鬱蒼としたものとなった（私は六週間の間に見てきたことを述べている）。泉水は一〇〇度も変更された。同じく滝も、その形が次から次へとさまざまに変えられた。金箔と甘美な色彩で装飾が施された鯉池は、やっと完成したかと思えば、同じ職人によって別のものに変更されて、取り換えられた。こうしたことは何度もあった。先ほど述べたばかりの驚嘆すべき機械は、巨大な水道橋、導水管、途方もない貯水槽をもっていたのだが、ただマルリーのためだけであって、ヴェルサイユにまで水を引くのではなかった。

こうして見ると、これまで見てきたヴェルサイユはマルリーほどに費用がかからなかったというだけでは十分でない。これに王の度重なる巡幸の費用を加えると、マルリーだけで何十億リーヴルという金がかかったと計算しても、言い過ぎではないだろう。というのも、結局のところ、巡幸はヴェルサイユでの滞在と少なくとも同じぐらいになり、しばしば回数も多く、王の晩年にはもっとも一般的な滞在場所となったからである。

以上が、ただ出費をすることのためだけに選ばれた場所、蛇と動物の死骸とヒキガエルとアカガエルの隠れ場所の運命であった。それほどまでに、王の悪趣味は徹底していた。自然を力でねじ伏せようというこの尊大な快楽は、もっとも重苦しい戦争も、神への敬愛も、鈍らせることができなかった。

サン＝シモン『回想録』（一七三九－一七四九年）からの抜粋

結論

フランスの歴史のなかで、ルイ一四世の登極はひとつの特別な時代をなしている。それは、彼がつくった六角形という空間の素描のおかげでもあるし、芸術や文学の輝きや、統治様式の選択のためでもある。さらには、今日まで続いている国民的なトラウマに占める彼の責任の大きさのゆえでもあるだろう。

彼の治世のもとで、フランス王国の領土はアルトワ、ルシヨン、大部分のアルザスを加えたが、それらの地方はルイ一三世のもとで征服され、ウェストファリア条約（一六四八年）とピレネー条約（一六五九年）で実際に併合された。同様に、親政の過程で、ルイ一四世はダンケルクとリール、フランシュ＝コンテ地方の全域、エノー地方の一部、ストラスブールの領域を獲得した。それらの領土獲得はすべて、きわめて自覚的で、つねに主意的な彼の政策の成果であった。一七世紀の人びとの目には、領土の拡大は国家の強大さのもっとも目覚ましい印であったが、フランスはその明らかな能力をもっていたのである。おそらく二三〇〇万人の人口を擁していたフランスは、その当時、ヨーロッパ大陸のなかでもっとも大きな人口の貯蔵庫であり、したがって、その統治者はもっとも恐るべき軍事力を行使したのである。

ルイ一四世は、一般に古典主義と定義される文化的潮流の時代を生きた。彼はこの芸術の冒険のなかで主導的な役割を果たした。彼は音楽の黄金期の玄人のひとりで、断固とした文芸保護者であった。彼はフランス語による演劇のもっとも著名な作品の称賛者であった。とくに彼は恐ろしいほどの建築愛好家であり、大きな都市計画や、王国の周辺部につくられた多くの要塞や城塞の責任を受けもった。最後にとりわけ、彼は、世界史のなかでもっとも伝説的な宮殿のひとつであるヴェルサイユの宮殿と庭園の発想者であった。

ルイ一四世は、フランス君主政を合理的で、効率的で、権威主義的な機関へと置き換え、これまでの諸団体の同意や特権や多様性に基づいてきた過去の統治のあり方と断絶した。おそらく彼の政治的遺産は、来たるべき次の時代に見られる、より中央集権的で統一的な管理体制を導いた。結果的には、その管理体制のうちに、フランス革命やナポレオン帝国といった段階は、それぞれの真の位置を見出すのである。

フランスの歴史の流れをよく知ったうえで過去を遡るような見方は、おそらく邪道であろう。それでも、偉大な王の統治形態がフランスの趣向にある種とてもみごとに合致していたことは認めてよいだろう。そのような統治形態は、その時代に王の臣民を魅了したのである。彼の威信は時代を超えて存続し、彼はフランス人の政治の想像世界のなかに自然な形で統合されている。こうして、ルイ一四世はフランス国民の集合的な記憶のなかで重要な役割をもつことになったのである。

付　録

「曾孫ブルターニュ公爵の誕生（1704年）——ルイ14世の暦より」

B. de Montclos, *Almanachs parisiens, 1661-1716*, Paris-Musées, 1997, p. 79.

年譜

一六三八年	ルイ一三世とアンヌ・ドートリッシュの間に王太子（後のルイ一四世）が誕生。
一六四三年	ルイ一三世死去、ルイ一四世即位。ロクロワの戦いでスペイン軍に勝利。王母が摂政となる。マザラン枢機卿の政府はリシュリューが始めた戦争を継続。
一六四八年	フロンドの乱が始まる（行政面・財政面での要求に対する反抗、マザラン政府の正当性に対する異議申し立て）。神聖ローマ帝国との間にウェストファリア条約が締結され、三十年戦争が終わる。フランス王国はアルザス地方を獲得。
一六四九年	全国三部会の召集。オルレアン公爵ガストンを中心とした政府樹立の試み。
一六五一年	ルイ一四世の成人宣言。全国三部会開催の延期。
一六五三年	マザランの権力復帰。最後まで抵抗していたフロンド派の拠点〔ボルドー〕が陥落。
一六五四年	ルイ一四世の成聖式。
一六五八年	ダンケルク近郊、デューヌの戦いでスペイン軍に勝利。

一六五九年	ピレネー条約締結。スペインに対する軍事的勝利が確定。フランスはアルトワ地方およびルシヨン地方を獲得。
一六六〇年	ルイ一四世がスペイン王女マリー＝テレーズと結婚。
一六六一年	マザラン死去。ルイ一四世の親政開始。
一六六二年	食糧危機の発生。ダンケルクを買収。ブーロネ地方およびガスコーニュ地方で民衆反乱が起こる。
一六六四年	まだ小さなヴェルサイユ城の領地で「魔法の島の娯楽」と呼ばれる祝宴が開かれる。財政長官フーケに有罪判決。
一六六六年	王母アンヌ・ドートリッシュ死去。
一六六七年－一六六八年	遺産帰属戦争。スペイン領ネーデルラントに侵攻。最初の統一法令（民事訴訟法）発布（一六六七年）。パリ警視総監の設置（一六六七年）。
一六七二年	連合諸州（オランダ）に宣戦布告。
一六七三年	商事法典発布。「病は気から」上演中にモリエールが死去。
一六七五年	ブルターニュ地方およびアキテーヌ地方で民衆反乱。テュレンヌ戦死。
一六七七年	ヴォーバン元帥がヴァランシエンヌとカンブレを奪取。海戦で勝利したにもかかわらず、フランス軍はシチリア島メッシーナから撤退を余儀なくされる。

一六七九年	ナイメーヘン条約の締結。オランダ戦争終結。
一六八一年	大西洋と地中海のふたつの海をつなぐミディ運河が開通。プロテスタント迫害の開始。自由都市ストラスブールを占領。
一六八二年	宮廷がヴェルサイユに定着。騎士ラ・サルがルイジアナを手中に収める。フランスの聖職者〔会議〕はローマ教皇庁から自立〔ガリカニスム〕を宣言。
一六八三年	王妃マリー＝テレーズ死去。コルベール死去。ウィーンを目前にトルコ軍が敗退。この頃、ルイ一四世はマントノン侯爵夫人と秘密裡に結婚。
一六八五年	ナント勅令の廃棄。
一六八八年	オラニエ公ウィレムのクーデタ。英王ジェームズ二世廃位。
一六八九年	プファルツから神聖ローマ帝国が進軍することを予測し、ルーヴォワはライン沿いのこの地方の劫掠を命じる。
一六八九―一六九七年	アウクスブルク同盟戦争。
一六九三―一六九五年	深刻な食糧危機。
一六九五年	「カピタシオン」と呼ばれる税を全臣民に課す。
一六九七年	ライスワイク条約。ストラスブールの要塞を維持。アンティル諸島のサン＝

ドマング島（現ハイチ）を獲得。

一七〇〇年	スペイン王の王冠がルイ一四世の孫アンジュー公爵フィリップに与えられる。
一七〇二―一七一四年	スペイン継承戦争。
一七〇二年	カミザール戦争（セヴェンヌ地方山岳地域のプロテスタント村民の反乱）。
一七〇六年	ベルギーのラミイおよびピエモンテ地方トリノで大敗。
一七〇九年	マルプラケでの激戦。北部からの敵の侵入を防ぐ。食糧危機。王は臣民に祈祷を求める。ポール＝ロワイヤル修道院の破壊。
一七一〇年	スペインのビリャビシオサで神聖ローマ帝国に対する決定的な勝利。
一七一三年	ユトレヒト条約。海洋列強諸国との戦争が終わる。〔カナダの〕アカディア地方を失う。
一七一四年	ラシュタット条約。神聖ローマ帝国との戦争が終わる。
一七一五年	九月一日、ルイ一四世死去。
一七五一年	ヴォルテールが『ルイ一四世の世紀』を刊行。

もっと詳しく知るために

ルイ一四世の生涯や事績について語ろうと試みた著述家は数多いるが、その筆頭にはヴォルテールを据えねばならない。一七五一年にベルリンで刊行された『ルイ一四世の世紀』は、文学の歴史のなかで人びとが最初に出会った偉大な伝記のひとつであった（Voltaire, *Siècle de Louis XIV*, Berlin, chez C. -F. Henning, 1751）。ルイ一四世の治世が終わってから一世代しか経っていなかった。当時は摂政時代〔一七一五―一七二三年〕という陽気な反動期も過ぎて、人びとは過ぎ去ったルイ一四世時代の重要性に気づき、好んでその時代を思い起こしては、現在を批判するのだった。ヴォルテールはおよそ二〇年かけて構想を練った。その間、彼は未刊だった王の回想録を読んだり、国家文書を閲覧したりすることができた。彼もまた同時代人と一緒になって自国の栄光と強さを愛しており、だからこそ太陽王の偉業にすっかりと魅せられたのだった。というわけで、彼はルイ一四世を歴史上のもっとも偉大な人物に、つまり自分が生きた時代に自らの名を与えた人びとに比肩させた。彼はその偉大な人物を五人挙げる。すなわち、ペリクレス、アレクサンドロス大王、カエサル、ロレンツォ・デ・メディチ、そしてそのあとに来るのがルイ一四世というわけであるが、彼の眼には、ルイ一四世がなかでも一番偉大な人物と映った。

その一〇〇年後、ロマン主義の時代になると、歴史家を取り巻く環境は変わっていた。厖大な史料に接することが可能となり、一七世紀の回想録の校訂本が大部数刊行され、さらにサン＝シモンの回想録という途方もない逸話の宝庫が発見されたばかりだった。このサン＝シモンの回想録は一八二九年に抜粋という形で出版された。さらに一八五八年には、A・シェリュエルによって全二〇巻のより充実した校訂本が出された（*Mémoires complets et authentiques du duc de Saint-Simon sur le siècle de Louis XIV et la Régence*, collationnés par Adolphe Chéruel, 20 vol., Paris, Hachette, 1856-1868）。ミシュレやラルース、そして彼らの同時代人たちが利用したのは、この版である。A・ド・ボワリールとL・ルセトルの校訂本は、アシェット社から刊行された。それは全四五巻、みごとな注釈が施され、一八七九年から一九三〇年にかけて刊行された（*Mémoires de Saint-Simon*, collationnés par Arthur de Boislisle avec la collaboration de Léon Lecestre, collection «Grands Écrivains de France», 45 vol., Paris, Hachette, 1879-1930）。それを補完したのが、とくに文学の見地からのイヴ・コワローによる校訂本で、「プレイヤード叢書」として一九八二年から刊行された（*Mémoires*, édition établie par Yves Coirault, «Bibliothèque de la Pléiade», 8 vol., Paris, Gallimard, 1982-1988）。二〇〇五年にはその新版が出ている。

　王を暴君と見なす一九世紀の世評が、祖国への情熱を妨げることはなかった。ミシュレが当時のどんな歴史作家にもまして多作で情熱に溢れていたことには異論の余地がない。実を言えば、彼は近世という時代に魅力を感じていなかったので、この時代に取り掛かったのは〔『フランス史』執筆開始から〕だいぶ経ってからのことで、一八五五年から一八六七年のことだった（Jules

Michelet, *Histoire de France*, Paris, Chamerot, 1855-1867）。さらに、彼はこの時代の年代記に大革命の予兆しか見ようとしなかった。しかしながら、この偉大な王の征服活動には感謝していた。革命期の領土拡張の第一歩をそこに見ていたからである。

その一世代後、エルネスト・ラヴィスは、浩瀚な『フランス史』の編集の責任を負った時、ルイ一四世の治世を扱った箇所をどうしても自分で書こうとした（Ernest Lavisse (éd.), *Histoire de France depuis les origines jusqu'à la Révolution*, Paris, Hachette, 1900-1911）。『フランス史』の執筆者たちは、ルイ一四世の行為や意見が自分たちの崇高な政治理念と一致していなかったので、彼に訓戒を垂れたが、桁外れな治世の規模と持続期間には目を奪われていた。そのため、彼らの共和政に対する確信によって、ルイ一四世の治世は共和政が完成するまでに必要な一段階とされた。

これらのイデオロギー的な誹謗の空しさに対する反動から、王党派の復活に敏感な別の歴史家たちは、ルイ一四世が後世に書き取らせようとした文字どおり擁護の主題に立ち返った。そのもっとも雄弁な例は、間違いなく一九二二年に出版されたルイ・ベルトランの『ルイ一四世』である（Louis Bertrand, *Louis XIV*, Paris, Fayard, 1922）。これと同じ流れにあって、これとは段違いに学術的なのが、ピエール・ガクソットが一九四六年に上梓した『ルイ一四世のフランス』で、当時の王国の社会や制度の様子が明快に描きだされている（Pierre Gaxotte, *France de Louis XIV*, Paris, Hachette, 1946）。

ガクソットのこの試論によって、私たちは今日でもなお史料的価値のある作品をもつに至った。一九六六年、人口史の開拓者であるピエール・グベールは、まったく別の視線を投げかけ、当時の社会の変化や大衆の暮らしに関心を向けた。グベールによって、当時の逸話に関する面白おかしいだけの解釈はもはや問題にされなくなり、文書館史料を用いた専門的な地域研究から導き出される知識に基づく典型となるデータが求められるようになった。彼の著書『ルイ一四世と二〇〇〇万のフランス人』〔初版一九六六年〕は今日でも価値を失っていない（Pierre Goubert, *Louis XIV et vingt millions de Français*, Paris, Fayard, 2005）。

早世が惜しまれる博識な貴族史家ジャン＝ピエール・ラバテュ（一九三五―一九八五年）は、一九八四年に国立印刷局からじつに斬新な『ルイ一四世』を刊行した（Jean-Pierre Labatut, *Louis XIV*, Paris, Imprimerie nationale, 1984）。しばしば主人公に眩惑されはするものの、ラバテュはルイ一四世の奥深い個性、そして考え方や振舞い方について、本当のことであれ空想のものであれ、さまざまな逸話をふんだんに散りばめながら語る術を心得ていて、読者を楽しませてくれる。

ここ二五年ほどの間に、フランスの出版市場に押し寄せた伝記流行の波は、この偉大な王を黙って通り過ぎることはなかったらしい。一九八六年にファイヤール社から出版されたフランソワ・ブリュシュの『ルイ一四世』は、間違いなくもっとも完成度の高い作品で、ルイ一四世本人と彼の治世の政治史を同時に扱う（François Bluche, *Lousi XIV*, Paris, Fayard, 1986）。その該博な知識と簡潔な文体は、王にまつわる黒い噂を勢いよく払い除け、教養ある読者にルイ一四世時代についての中庸を得た評価を提示することを可能にした。その少し後、一九九〇年に、ブリュシュは

『偉大な世紀事典』の責任編集者を務めた（*Dictionnaire du Grand Siècle*, sous la direction de F. Bluche, Paris, Fayard, 1990）。これは何十人もの専門家が一堂に会したまさに記念碑的な作品で、アンリ四世からルイ一四世までのフランスに関する知識の百科事典であり、研究者にとっては仕事道具、この時代に関心のある一般読者にとっては教養の宝庫である。ブリュシュはまた、ルイ一四世が実際に語った言葉を集めた『ルイ一四世があなたに語りかける』の著者でもある（F. Bluche, *Louis XIV vous parle*, Paris, Stock, 1988）。

一九九五年、ジャン＝クリスティアン・プティフィスはルイ一四世の新しい伝記を書くという危険な企てに挑んだ（Jean-Christian Petitfils, *Louis XIV*, Paris, Perrin, 1995）。その新版が二〇〇二年に出ている。彼の著作も同じ学問的美質を示しているが、さらに新しい叙述史料を用い、語られる出来事や引用を一新するに至っている。もっとも斬新な点は、王の権力が行使される際の条件に関する考察である。実力のある研究者であり、才気溢れる著述家でもあるプティフィスは、ルイ一四世治下のまた違った挿話をいろいろと説明している。彼の他の著作も挙げておかねばならない。『フーケ』、『真実のダルタニャン』、『鉄仮面』、『摂政オルレアン公』など（id, *Fouquet*, Paris, Perrin, 1998, 2005; id, *Le Véritable d'Artagnan*, Paris, Taillandier, 1981, 2002; id, *Le Masque de fer*, Paris, Perrin, 2004; id, *Le Régent*, Paris, Fayard, 1998）。

ヴェルサイユ宮殿に関する歴史記述は、また別の広大な研究領域である。嚆矢はピエール・ド・

ノラクの大作『ヴェルサイユ宮殿の歴史』である（Pierre de Nolhac, *Histoire du château de Versailles*, Paris, A. Marty, 1911）。一九六一年に刊行されたピエール・ヴェルレの『ヴェルサイユ宮殿』は、一九八五年にファイヤール社から再版が出されており、宮殿の装飾や調度の研究に役立つだろう（Pierre Verlet, *Le château de Versailles*, Paris, Fayard, 1985）。絵画の主題についての分析は、ジェラール・サバティエ『ヴェルサイユ、あるいは王の肖像』に見られる（Gérard Sabatier, *Versailles ou la figure du roi*, Paris, Albin Michel, 1999）。フレデリック・ティベルギャン『ヴェルサイユ、ルイ一四世の建設現場、一六六二－一七一五年』は、宮殿建設の技術面および経済面での条件を考察している（Frédéric Tiberghien, *Versailles, le chantier de Louis XIV, 1662-1715*, Paris, Perrin, 2002）。

宮殿での生活の様子については、宮殿の主任学芸員ベアトリス・ソールの著作『ヴェルサイユの栄華、ルイ一四世の一日』に見ることができる（Béatrice Saule, *Versailles triomphant. Une journée de Louis XIV*, Paris, Flammarion, 1996）。建物とその建築学上の諸問題について検討したのは、ティエリー・サルマン『太陽の住まい』（Thierry Sarmant, *Demeure du Soleil*, Seyssel, Champ Vallon, 2003）。王のヴェルサイユの領地の構成については、ヴァンサン・マロトー『ヴェルサイユ、王とその領地』を参照（Vincent Maroteau, *Versailles, roi et son domaine*, Paris, Picard, 1999）。庭園の歴史については、ヴェルサイユの主任建築家アンドレ・ラブロード『ヴェルサイユの庭園』を読むとよい（André Lablaude, *Les jardins de Versailles*, Paris, Scala, 2005）。

宮廷生活については、ジャン＝マリー・アポストリデスの独創的な試論『機械としての王、ルイ一四世時代のスペクタクルと政治』(Jean-Marie Apostolidès, *Le Roi-machine. Spectacle et politique au temps de Louis XIV*, Paris, Minuit, 1994)、そしてエマニュエル・ル・ロワ・ラデュリの試論『サン＝シモン、あるいは宮廷システム』を読むことができる(Emmanuel Le Roy Ladurie, *Saint-Simon ou le système de la Cour*, Paris, Fayard, 1997)。あるいは、もう少し軽めのものでは、ジャン＝フランソワ・ソルノンの総論『フランスの宮廷』がある(Jean-François Solnon, *La Cour de France*, Paris, Fayard, 1987)。

最近提出されたいくつかの博士論文は、この宮廷生活という主題を刷新した。マテュー・ダ・ヴィナは『ルイ一四世の部屋付き侍従』で、王のもっとも側近くで仕える何人かの侍従それぞれの役割や制度面での位置を扱っている(Mathieu Da Vinha, *Les Valets de chambre de Louis XIV*, Paris, Perrin, 2004)。アレクサンドル・マラルは『ルイ一四世治下におけるヴェルサイユの王室礼拝堂』のなかで、歴代の礼拝堂やその人員、そこでの典礼、王の信仰心などについてのみごとな議論を展開した(Alexandre Maral, *La Chapelle royale de Versailles sous Louis XIV*, Sprimont, Mardaga, 2002)。治世の大物大臣や主だった登場人物たちも独自に伝記の対象となった。たとえば、クロード・デュロンはアンヌ・ドートリッシュやマザランの生涯を描いた(Claude Dulong, *Anne d'Autriche*, Paris, Gallimard, 1990; id., *Mazarin*, Paris, Perrin, 1999)。コルベールに関しては、まったく対照的な以下の著作を参照せねばならない。ジャン＝ルイ・ブルジョン『コルベール以前のコルベール家』、イーヌ・ミュラ『コルベール』、ジャン・メイエール『コルベール』、ジャン・ヴィラン『コルベールの財産』、そしてダニエル・デセール『コルベール、あるいは毒蛇』（Jean-Louis Bourgeon, *Les Colbert avant Colbert*, Paris, Puf, 1986; Ines Murat, *Colbert*, Paris, Fayard, 1980; Jean Meyer, *Colbert*, Paris, Hachette, 1981; Jean Villain, *La Fortune de Colbert*, Puf, 1994; Daniel Dessert, *Colbert ou serpent venimeux*, Bruxelles, Complex, 2000）。ジャン・ベランジェは『テュレンヌ元帥』を刊行した（Jean Bérenger, *Turenne*, Paris, Fayard, 1990）。ヴォーバン元帥に関する最良の伝記は、アンヌ・ブランシャールの作品である（Anne Blanchard, *Vauban*, Paris, Fayard, 1996）。〔陸軍大臣〕ルーヴォワについては、軍事史の大家アンドレ・コルヴィジェと、陸軍省文書にもっとも通じたティエリー・サルマンによって研究がなされた（André Corvisier, *Louvois*, Paris, Fayard, 1990; T. Sarmant, *op. cit.*）。

　ダニエル・デセールは、徴税を裏で動かしていた金融業者たちを扱った素晴らしい学位論文で名を知られた〔『《偉大な世紀》の金、権力、社会』（Daniel Dessert, *Argent, pouvoir et société au Grand Siècle*, Paris, Fayard, 1984）〕。彼の仕事はいずれもまったく新しい古文書の調査に基づいており、一七世紀の財政の仕組みや統治機構の人員、そして海洋政策について卓越した視点を提示してくれる。他にも『フーケ』や『フランス海軍、太陽王の艦船と水兵』、『トゥルヴィル提督』に関する研究を挙げておかねばなるまい（id., *Fouquet*, Paris, Fayard, 1996; id., *La Royale, vaisseaux et marins du Roi-Soleil*, Paris, Fayard, 1996; id., *Tourville*, Paris, Fayard, 2002）。

　フロンドの乱については、ミシェル・ペルノとオレスト・レイナムの著作を読むとよい（Michel Pernot, *La Fronde*, Paris, de Fallois, 1994; Orest Ranum, *La Fronde*, Paris, Le Seuil, 1995, version originale, *The*

Fronde. A French Revolution, W. W. Norton & Company, New York-London, 1993）。外交史はリュシアン・ベリーの一連の仕事によって刷新された。『ルイ一四世時代のスパイと大使』は、ヨーロッパの政治と国家間関係について考察している（Lucien Bély, *Espions et ambassadeurs au temps de Louis XIV*, Paris, Fayard, 1990）。ナント勅令の廃棄に関する最良の総括は、エリザベート・ラブルースの仕事〔『ひとつの信仰、ひとりの王、ひとつの法？　ナント勅令の廃止』〕に負っている（Élisabeth Labrousse, *Une foi, un Roi, une Loi? La Révocation de l'édit de Nantes*, Paris, Payot, 1990）。ルイ一四世治下の戦争について、私の独断でお薦めを挙げると、以下の試論がある。ジャン・シャニオ『近世の戦争と社会』、モーリス・グレセとジャン＝マルク・ドゥバールの『フランシュ＝コンテのフランスへの併合』、そしてアンドレ・コルヴィジェ『マルプラケの戦い』（Jean Chagniot, *Guerre et société à l'époque moderne*, Paris, Puf, 2001; Maurice Gresset et Jean-Marc Debard, *Le Rattachement de la Franche-Comté à la France*, Besançon, Presses universitaires de Besançon, 1978; André Corvisier, *La Bataille de Malplaquet*, Paris, Economica, 1997）。

内容豊かで使い易い注釈つきの年表『ルイ一四世治世の年代記』は、ジョエル・コルネットの仕事（Joël Cornette, *Chronique du règne de Louis XIV*, Paris, Sedes, 1997）。近年のフランス内外の研究状況を紹介した素晴らしい大作がふたつ、最近になって現れた。そのひとつ、リュシアン・ベリーの『ルイ一四世、世界でもっとも偉大な王』は、ルイ一四世の人となりや彼の統治方法に力点を置く（Lucien Bély, *Louis XIV, le plus grand roi du monde*, Paris, Gisserot, 2005）。もう一方、オリヴィエ・

シャリーヌは『ルイ一四世の治世』のなかで、国家の全般的な発展を解説する（Olivier Chaline, *Le Règne de Louis XIV*, Paris, Flammarion, 2005）。両著ともに、伝えるべき事実は伝えつつ、これまで歴史家によってなされた解釈を要約することに成功している。

二〇〇四年には、ふたりの文学史家、ジャン・ルソニエとアントニー・マッケナの責任編集で『ポール＝ロワイヤル事典』が完成した（Jean Lesaulnier et Anthony Mc Kenna, *Dictionnaire de Port-Royal*, Paris, Champion, 2004）。この共同作品は、一七世紀にジャンセニスムの思潮に直接間接にかかわったおよそ二〇〇〇名の人物に関するじつに詳しい情報の集成で、まさに記念碑的業績である。

最後に、三ヵ月毎に出される雑誌『一七世紀』*XVIIe siècle* は、一七世紀研究学会 Société d'études du XVIIe siècle が刊行しフランス大学出版が配布する、定期刊行物としては最良の参考文献である。歴史や文学だけでなく、芸術や科学に関する研究も収め、討論会報告をまとめた特別分冊も刊行されている。

（イヴ＝マリー・ベルセ記）

ルイ一四世関連邦語文献

同時代の観察者たち

ヴォルテール、丸山熊雄訳『ルイ一四世の世紀』（全四冊）、岩波文庫、一九五八―一九八三年、重版二〇〇一年。

セヴィニエ夫人、井上究一郎訳『セヴィニエ夫人手紙抄』岩波文庫、一九四三年。

マルテーユ（ジャン）、木崎喜代治訳『ガレー船徒刑囚の回想』岩波文庫、一九九六年。

モリエール、鈴木力衛訳『モリエール全集』（全四巻）中央公論社、一九七三年。

モリエール、ロジェ・ギシュメール・廣田昌義・秋山伸子編『モリエール全集』（全一〇巻）臨川書店、二〇〇〇―二〇〇三年。

ラシーヌ（ジャン）、金光仁三郎訳『ポール＝ロワイヤル略史』審美社、一九八九年。

ラ・ブリュイエール、関根秀雄訳『カラクテール――当世風俗誌』（全三冊）、岩波文庫、一九五二―一九五三年。

ラ・ロシュフコー公爵、二宮フサ訳『ラ・ロシュフコー箴言集』岩波文庫、一九八九年。

ルイ一四世およびその時代のフランスに関する書籍

今村真介『王権の修辞学――フランス王の演出装置を読む』講談社、二〇〇四年。

金沢誠『王権と貴族の宴』河出書房新社、一九九一年。

木崎喜代治『信仰の運命――フランス・プロテスタントの歴史』岩波書店、一九九七年。

佐藤賢一『ダルタニャンの生涯――史実の『三銃士』』岩波新書、二〇〇二年。

志垣嘉夫『フランス絶対王政と領主裁判権』九州大学出版会、二〇〇〇年。

高澤紀恵『主権国家体制の成立』山川出版社（世界史リブレット）、一九九七年。

千葉治男『ルイ一四世――フランス絶対王政の虚実』清水書院（清水新書）、一九八四年。

戸張規子『ルイ十四世と悲恋の女たち』人文書院、一九八七年。

中木康夫『フランス絶対王制の構造』未來社、一九六四年。

二宮宏之・阿河雄二郎編『アンシアン・レジームの国家と社会――権力の社会史へ』山川出版社、二〇〇三年。

二宮宏之『全体を見る眼と歴史家たち』平凡社（平凡社ライブラリー）、一九九五年。

二宮宏之『フランスアンシアン・レジーム論――社会的結合、権力秩序、叛乱』岩波書店、二〇〇七年。

二宮素子『宮廷文化と民衆文化』山川出版社（世界史リブレット）、一九九九年。

服部春彦『フランス近代貿易の生成と展開』ミネルヴァ書房、一九九二年。

服部春彦・谷川稔編『フランス史からの問い』山川出版社、二〇〇〇年。

羽田正『勲爵士シャルダンの生涯——十七世紀のヨーロッパとイスラーム世界』中央公論新社、一九九九年。

深沢克己『海港と文明——近世フランスの港町』山川出版社、二〇〇二年。

水林章『ドン・ジュアンの埋葬——モリエール『ドン・ジュアン』における歴史と社会』山川出版社、一九九六年。

宮崎揚弘『フランスの法服貴族——一八世紀トゥルーズの社会史』同文舘、一九九四年。

宮本絢子『ヴェルサイユの異端公妃——リーゼロッテ・フォン・デァ・プファルツの生涯』鳥影社、一九九九年。

安成英樹『フランス絶対王政とエリート官僚』日本エディタースクール出版部、一九九八年。

アダン（アントワーヌ）、今野一雄訳『フランス古典劇』白水社（文庫クセジュ）、一九七一年。

アポストリデス（ジャン＝マリー）、水林章訳『機械としての王』みすず書房、一九九六年。

アポストリデス（ジャン＝マリー）、矢橋透訳『犠牲に供された君主——ルイ十四世治下の演劇と政治』平凡社、一九九七年。

ヴィアラ（アラン）、塩川徹也監訳『作家の誕生』藤原書店、二〇〇五年。

エリアス（ノルベルト）、波田節夫・中埜芳之・吉田正勝訳『宮廷社会』法政大学出版局、一九八四年。

グベール（ピエール）、遅塚忠躬・藤田苑子訳『歴史人口学序説——一七・一八世紀ボーヴェ地方の人口動態構造』岩波書店、一九九二年。

コンスタン（クレール）、遠藤ゆかり訳『ヴェルサイユ宮殿の歴史』創元社、二〇〇四年。

シャルチエ（ロジェ）、長谷川輝夫・宮下志朗訳『読書と読者――アンシャン・レジーム期フランスにおける』みすず書房、一九九四年。

シャンデルナゴール（フランソワーズ）、二宮フサ訳『王の小径――マントノン夫人の回想（上・下）』河出書房新社、一九八四年（『無冠の王妃マントノン夫人――ルイ十四世正室の回想（上・下）』中央公論新社、二〇〇七年）。

デュロン（クロード）、伊藤洋・野池恵子訳『大世紀を支えた女たち』白水社、一九九一年。

バーク（ピーター）、石井三記訳『ルイ一四世――作られる太陽王』名古屋大学出版会、二〇〇四年。

フーコー（ミシェル）、田村俶訳『狂気の歴史』新潮社、一九七五年。

プティフィス（ジャン＝クリスティアン）、朝倉剛・北山研二訳『ルイ十四世宮廷毒殺事件』三省堂、一九八五年。

ブノワ（リュック）、瀧川好庸・倉田清訳『ヴェルサイユの歴史』白水社（文庫クセジュ）、一九九九年。

フランドラン（ジャン＝ルイ）、森田伸子・小林亜子訳『フランスの家族――アンシアン・レジーム下の親族・家・性』勁草書房、一九九三年。

ベニシュー（ポール）、朝倉剛・羽賀賢二訳『偉大な世紀のモラル――フランス古典主義文学における英雄的世界像とその解体』法政大学出版局、一九九三年。

ベルセ（イヴ＝マリー）、井上幸治監訳『祭りと叛乱――一六～一八世紀の民衆意識』新評論、一九八〇年。

ベルトラン（ルイ）、大塚幸男訳『王朝の光と影――ルイ大王の恋愛生活』白水社、一九八四年。

ボーサン（フィリップ）、藤井康生訳『ヴェルサイユの詩学――バロックとは何か』平凡社、一九八六年。

マラン（ルイ）、鎌田博夫訳『語りは罠』法政大学出版局、一九九六年。

マラン（ルイ）、渡辺香根夫訳『王の肖像――権力と表象の歴史的哲学的考察』法政大学出版局、二〇〇二年。

マンドルー（ロベール）、二宮宏之・長谷川輝夫訳『民衆本の世界――一七・一八世紀フランスの民衆文化』人文書院、一九八八年。

ミュシャンブレッド（ロベール）、石井洋二郎訳『近代人の誕生――フランス民衆社会と習俗の文明化』筑摩書房、一九九二年。

メティヴィエ（ユベール）、前川貞次郎訳『ルイ一四世』白水社（文庫クセジュ）、一九五五年。

メティヴィエ（ユベール）、井上堯裕訳『アンシアン・レジーム――フランス絶対主義の政治と社会』白水社（文庫クセジュ）、一九六五年。

ルヴロン（ジャック）、金沢誠編訳『ヴェルサイユの春秋』白水社、一九八七年。

ルブラン（フランソワ）、藤田苑子訳『アンシアン・レジーム期の結婚生活』慶應義塾大学出版会、二〇〇一年。

アンシアン・レジーム末期のフランス

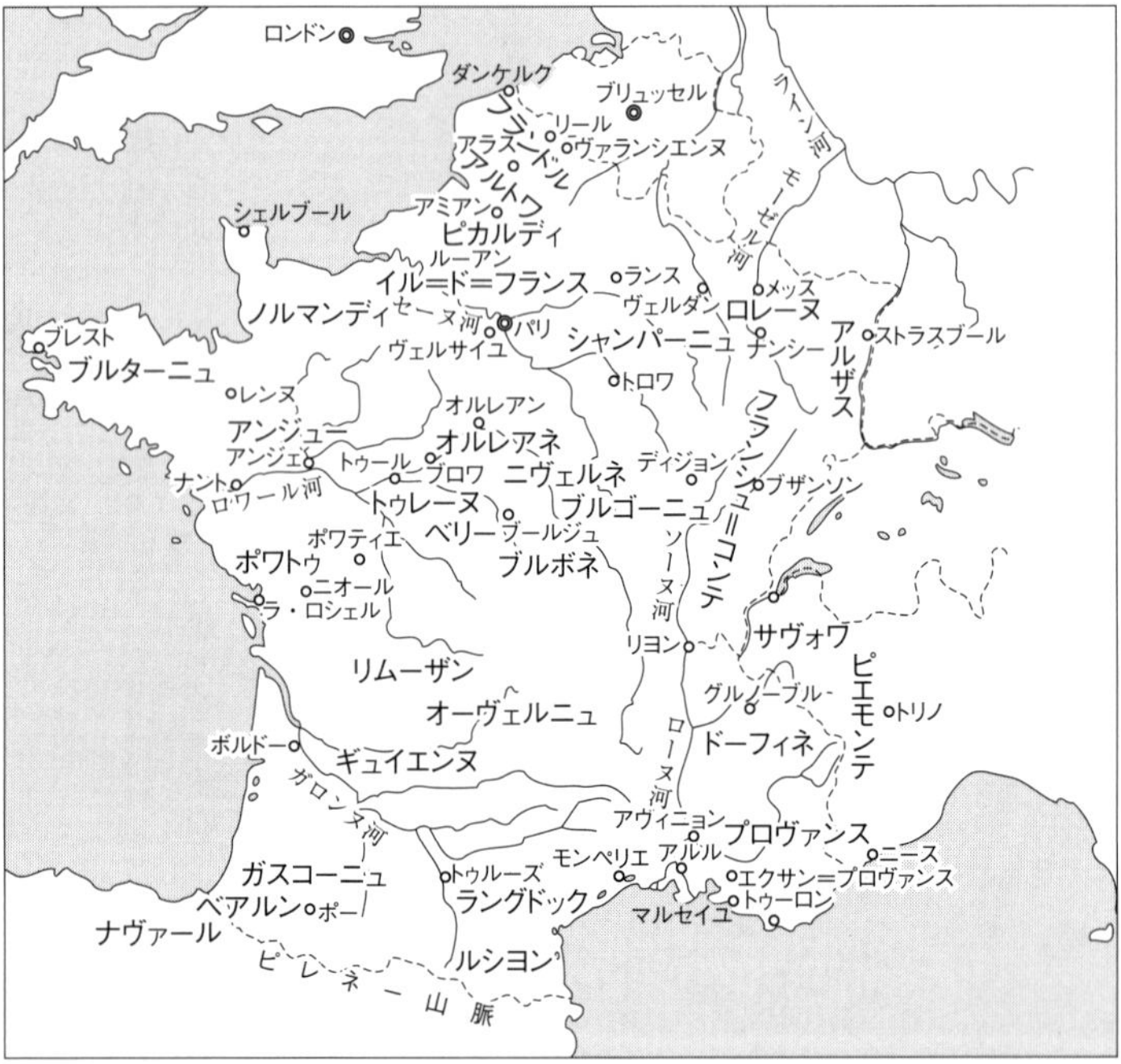

ヨーロッパ王室関係図

(括弧内の数字は在位年)

【イギリス王室】
ジェームズ一世(一六〇三―二五)
├ アン
├ チャールズ一世(一六二五―四九)＝アンリエット・ド・フランス
│ ├ チャールズ二世(一六六〇―八五)
│ ├ ジェームズ二世(一六八五―八八)
│ │ ├ メアリ二世(一六八九―九四)＝ウィリアム三世(一六八九―一七〇二)
│ │ └ アン女王(一七〇二―一四)
│ ├ アンリエット・ダングルテール
│ └ メアリ ＝ オラニエ公ウィレム二世

【フランス王室】
アンリ四世(一五八九―一六一〇)＝マリー・ド・メディシス
├ ルイ一三世(一六一〇―四三)＝アンヌ・ドートリッシュ
│ ├ ルイ一四世(一六四三―一七一五)＝マリー＝テレーズ
│ │ └ ルイ ─ ルイ ─ フィリップ(フェリペ五世)(一七〇〇―四六)
│ └ オルレアン公爵フィリップ
└ アンリエット・ド・フランス

【スペイン王室】
フェリペ三世(一五九八―一六二一)＝マルガレーテ
├ フェリペ四世(一六二一―六五)＝イザベル / マリア
│ ├ マリー＝テレーズ
│ └ カルロス二世(一六六五―一七〇〇)
└ アンヌ・ドートリッシュ

付　録

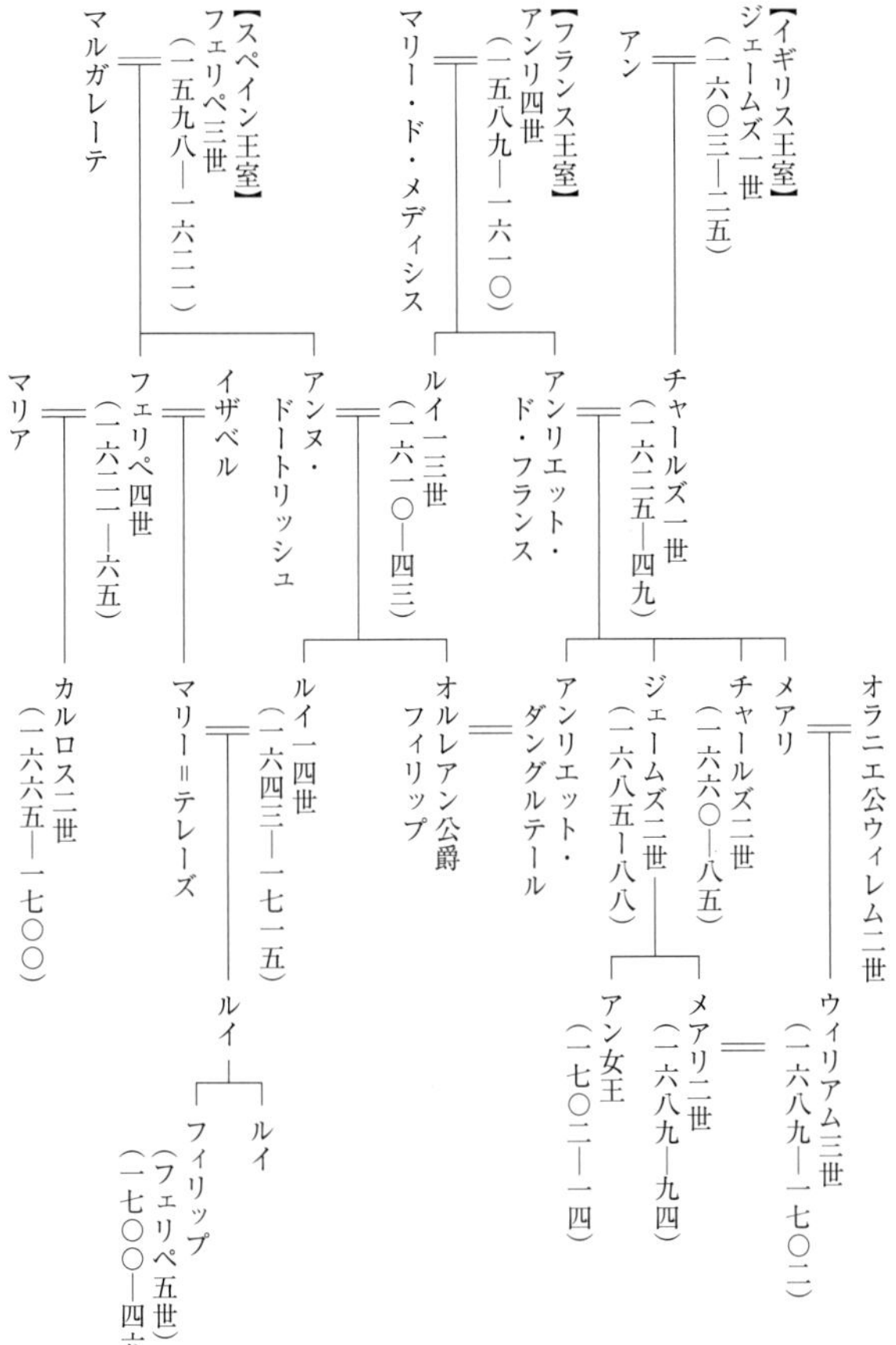

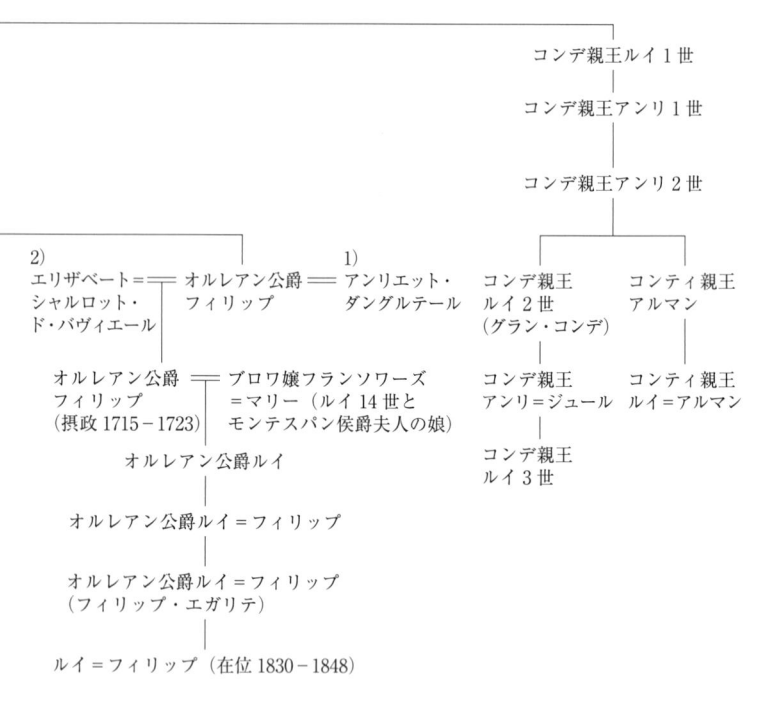

コンデ親王ルイ1世

コンデ親王アンリ1世

コンデ親王アンリ2世

コンデ親王
ルイ2世
(グラン・コンデ)

コンデ親王
アンリ＝ジュール

コンデ親王
ルイ3世

コンティ親王
アルマン

コンティ親王
ルイ＝アルマン

2)
エリザベート＝シャルロット・ド・バヴィエール ＝ オルレアン公爵フィリップ ＝ 1)
アンリエット・ダングルテール

オルレアン公爵
フィリップ
(摂政1715－1723) ＝ ブロワ嬢フランソワーズ＝マリー（ルイ14世とモンテスパン侯爵夫人の娘）

オルレアン公爵ルイ

オルレアン公爵ルイ＝フィリップ

オルレアン公爵ルイ＝フィリップ
(フィリップ・エガリテ)

ルイ＝フィリップ（在位1830－1848）

ブルボン家系図

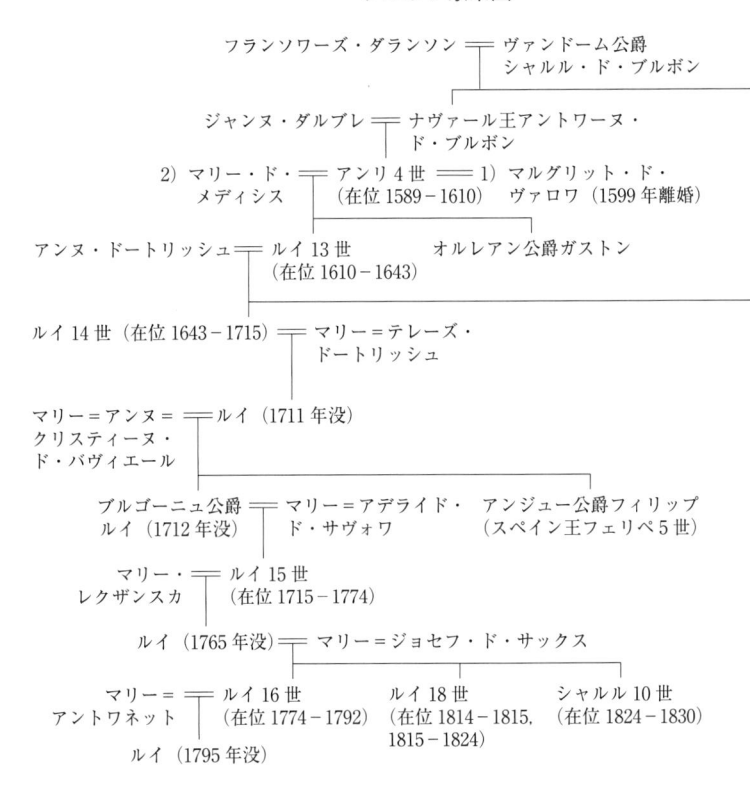

フランソワーズ・ダランソン ═ ヴァンドーム公爵
シャルル・ド・ブルボン

ジャンヌ・ダルブレ ═ ナヴァール王アントワーヌ・
ド・ブルボン

2）マリー・ド・ ═ アンリ4世 ═ 1）マルグリット・ド・
メディシス （在位 1589－1610） ヴァロワ（1599年離婚）

アンヌ・ドートリッシュ ═ ルイ13世
（在位 1610－1643）

オルレアン公爵ガストン

ルイ14世（在位 1643－1715） ═ マリー＝テレーズ・
ドートリッシュ

マリー＝アンヌ＝ ═ ルイ（1711年没）
クリスティーヌ・
ド・バヴィエール

ブルゴーニュ公爵 ═ マリー＝アデライド・
ルイ（1712年没） ド・サヴォワ

アンジュー公爵フィリップ
（スペイン王フェリペ5世）

マリー・ ═ ルイ15世
レクザンスカ （在位 1715－1774）

ルイ（1765年没） ═ マリー＝ジョセフ・ド・サックス

マリー＝ ═ ルイ16世
アントワネット （在位 1774－1792）

ルイ18世
（在位 1814－1815,
1815－1824）

シャルル10世
（在位 1824－1830）

ルイ（1795年没）

訳者あとがき

本書は、ル・カヴァリエ・ブルー出版社から「既成概念」シリーズの一冊として二〇〇五年秋に出版されたイヴ＝マリー・ベルセの著作『ルイ一四世』（Y.-M. Bercé, *Louis XIV*, Paris, 2005）の邦訳である。ただし本書のタイトルは、内容を勘案して、『真実のルイ一四世——神話から歴史へ』とした。

一昨年（二〇〇六年）の三月、筆者はパリでベルセ先生にお目にかかった折、本書を直接に手渡された。当初はいつも先生からいただく論考のひとつで、パリ第四大学退職後も旺盛な先生の研究活動の現れと軽く受け止めたのだが、本書を読み始めて、すぐさま翻訳を思い立った。というのは、小著ではあっても、本書は、ルイ一四世に関するこれまでの研究のコンパクトなまとめであるばかりでなく、ルイ一四世の既存のイメージに修正を迫る意欲的な著作であると実感したからである。実をいえば、ベルセ先生も邦訳を期待されていたようで、後日、筆者が翻訳の許可を求めると、本当に嬉しそうに大きく頷き、破顔一笑された。

ベルセ先生は近世フランスの民衆蜂起史の研究で知られている。わが国でも『祭りと叛乱』『鍋とランセット』が新評論社から刊行されており、その手法はアナル学派のそれを思わせる。しかし、実際のベルセ先生は、ソルボンヌの伝統史学の系譜をひき、何よりもムーニエ大先生の薫陶を受けた最後の世代に属する。歴史の捉え方や方法論に厳しい一面は本書でも十分にうかがわれるだろう。ただ、先生の研究がアナル学派の面々からも一目置かれるのは、バランスのとれた歴史感覚、軽妙で柔軟な語り口に加えて、精密な実証研究に裏打ちされているからである。史料探求の点では、先生は国立古文書学校の出身で、国立公文書館で長らく勤務した経験がある。ともあれ、民衆史や社会史から出発したベルセ先生は、徐々に政治史に言及するようになり（『隠れた王』『ドラマティックな絶対主義の誕生』などの著作がある）、近年はむしろ政治史を軸に、一六―一七世紀史の読み直しを精力的にはかっているように見受けられる。その流れのなかにある本書は、ルイ一四世にまつわる一四の「既成概念」を俎上にのせ、それにひとつずつメスを入れて、定説に修正を促し、生き生きとした、まさに等身大のルイ一四世像を提起しようとする野心作ということができる。

ところで、ルイ一四世ほど評価の分かれる国王は少ないだろう。もっとも一般的な見方は、ルイ一四世を専制君主で絶対王政の権化とみなす立場で、フランス革命以来ずっと受け継がれている。同時代のイギリスやオランダは、プロテスタントの弾圧・不寛容政策をもってルイ一四世を悪魔視した。ただし、今日の研究レヴェルでは、ルイ一四世による専制政治のイメージは薄められ、絶対王政が「社団」の寄せ集めであって、相対的に国家権力が強化された「行政国家」とか「財政国家」としての性格を指摘する見解が支配的となっている。また、ルイ一四世の長い治世が飢饉と戦争に明け暮れた暗黒時代だったという見方も根強く存続している。事実、一七世紀末のアウクスブルク同盟戦争以後、ルイ一四世の治世で目につくことといえば、兵員確保や戦費捻出のための政策ばかりである。

にもかかわらず、もう一方の評価として、ルイ一四世個人の人気が一向に衰えを見せないのは、ヨーロッパの政局をつねにリードしたことに対するフランス人のプライドや畏敬の念、さらに愛国主義の意識によるものであろうか。ルイ一四世の伝記は今日まで繰り返し出版されている。本書でしばしば引用されるヴォルテールが『ルイ一四世の世紀』を書いた動機のひとつは、伝統的なヨーロッパ歴史叙述の底流にある四大帝国論をふまえて、ルイ一四世の時代にこの世の楽園の再出を垣間見たからであった。もっとも、ヴォルテールが称賛を惜しまなかったのは、ルイ一四世の文芸保護政策ではあったが。

本書では、こうしたルイ一四世に対する評価とその変容のさまが、時々の状況と絡めて述べられている。そこに積み重なった「既成概念」を次々と削ぎ落とし、ルイ一四世の実像に近づこうとの目論みが本書の意図である。その際、ベルセ先生が歴史を学ぶ人たちに注意を促しているのは、歴史の流れを知ったうえで、あるいは通説的な「既成概念」に惑わされて、いわば後付け的に解釈したり、事件や人物の功罪を論じることの危うさ・空虚さ・つまらなさである。やや歴史主義的になるけれども、ルイ一四世の研究に必要な態度は、まずは生身のルイを一七世紀という時代のなかに解き放って、その自由奔放な生き方を史料をもとに虚心坦懐に追いかけてみることであろう。

たとえば、ルイ一四世が愛したとされる戦争に関して、その時代をヨーロッパ規模で眺めると、イギリス、オランダ、スペイン、ドイツなどの列強はほぼ同じような政治状況にあって、どの国も君主を中心に富国強兵に努めていた。一七－一八世紀のイギリスについては、「名誉革命」の虚構性と「財政＝軍事国家」の側面が明らかになっている。中東欧でも、領邦国家の枠を超えたプロイセンやオーストリアといった「複合国家」の台頭が著しい。むしろこの時期の特色は、それまで混沌としていた国際情勢がカトリック連合とプロテスタント連合にほぼ二分されたこと、東方世界を含めてヨーロッパの平和をどのように実現するかが、戦争と並行して進められたことである。一国史からの脱却が言われて久しいが、こうしたヨーロッパの主権国家群が競い合う状況を、海外発展（植民地支配）の意味をも念頭におきながら、「比較史」や「関係史」の視点をもとに検証する作業の必要性を筆者は痛感している。

その一方、宮廷や貴族の実態が、本書でかなり取り上げられていることは興味深い。考えてみれば、これまでこの種の話は、サン＝シモン公爵の『回想録』を主な拠り所とするエリアスの著作『宮廷社会』『文明化の過程』（法政大学出版局）からエピソード風に引用されるのが常だった。けれども、ヴェルサイユ宮殿の建築や宮廷生活の様子、ルイ一四世を取り巻く愛妾たち、鉄仮面伝説などを単なるエピソードとして片づけるのではなく、当時の政治情勢や政治文化のなかに積極的に位置づける必要性は増している。この点は、ベルセ先生が本書付録の「もっと詳しく知るために」で紹介していることだが、最近のフランスで、国制的儀礼をはじめ、宮廷社会や宮廷人（大貴族や大臣など国王の「陪食者」）に関する研究が多いのは、これまで上部構造にあまり関心が向けられなかったことへの反省や反動であろうか。あるいは、日本と同じ「ベルばら現象」が起きているのかも知れない。なお、本書では、ルイ一四世の「既成概念」が、おそらくはルイ一四世にちなんで一四個取り上げられているが、現在の筆者の関心事からいえば、「ルイ一四世は《朕は国家なり》と言った」「コルベールの死後、ルイ一四世は海洋への関心を失った」「ルイ一四世は歴史書が大好きだった」「ルイ一四世は宴会と狩猟ばかりしていた」なども論じてほしいところである。

最後に、ルイ一四世の肖像画について一瞥しておきたい。ルイ一四世は長命で、幼少期から老年期まで数多く存在した肖像画がＰ・バーク『ルイ一四世』（名古屋大学出版会）によって紹介されているが、そのうち、当のルイ一四世のもっともお気に入りは、本書の表紙を飾っている有名なリゴー作で、一七〇一年、六三歳の風格のある容姿を写したものであった。この作品は、ルイ一四世がスペイン王となった孫フェリペ五世に与えるために制作されたが、宮廷で大評判を博したので、同じものをいくつか複製させたという。しかし、この肖像画は不思議で謎めいている。なぜなら、全体的に厳粛な雰囲気のなか、成聖式の豪華な衣装を纏いながらも、ルイ一四世はいささか行儀が悪く、王位の象徴である王杖をステッキ代わりにクッションに突き立て、衣服の裾を翻してバレエで鍛えた自慢の足を覗かせているからである。足先には赤いバレエ・シューズが輝いている。もっとも、史家コルネットによれば、この肖像画の上部と下部はリゴーの仕事場で別個につくられ、それが一枚の画布に接合されたのだという。その場合、上半分は成聖式を想起させる神聖で荘厳な国王が、下半分は若々しい生身の国王が描かれたことになり、すなわちカントーロヴィチのいう「王の二つの身体（＝「政治の身体」と「自然の身体」）」の観念が奇しくも一枚の肖像画に凝縮されたことをコルネットは指摘している。

おそらくルイ一四世もこの肖像画が有する特別の意味や両義性を了解していたに違いない。むしろ、ルイ一四世は、得意満面のポーズを見せつけながら、フランス君主政の玄義《ミステール》、あるいはそれをひとつ身に帯びる自分の不思議さの奥義を説いてみよと後世の人びとに問いかけ、さらには挑発しているのではないだろうか。近世フランスの研究を志す者は、この深淵な政治神学に惹かれるのである。アンシアン・レジーム研究の醍醐味は、革命前史ではなく、ある意味でルイ一四世を語ることにあるだろう。いずれにしても、ルイ一四世に関心を抱き、ヴェルサイユ宮殿やルーヴル美術館を訪れる読者の方々には、是非ともルイ一四世のこの問いかけをしっかりと受け止めていただきたい。

本書の刊行にあたっては、いくつかの点に留意した。そのひとつは、本書がフランス語の原著で一三〇ページ足らずと短いことであり、一般的な体裁の書物にするため、どのように増ページすべきかで少し悩んだ。ただ幸いなことに、本書には、それぞれの章末に「コラム」欄があるが、原著には第四、第八、第九、第一三章にそれがないため、その箇所を適切な史料で補うことで紙数を増やすこととした。また、第二章のコラム欄のうち、「ルイ一四世が愛した女性たち」の項は、筆者が独自に解説文を書き加えた。これらの点は、もちろん著者であるベルセ先生の了承を得ているし、「コラム」欄の追加によって、原著の意味合いが損なわれることのないように配慮した。もうひとつは、原著には地図、図表、図版の類がいっさいないことであり、本書では、ある程度の彩りを添え、また読者の便宜をはかるために、できるだけ多くの図版を掲載した。そのうちには、かなり珍しい図版があるので、よく観察していただきたい。

　本書の翻訳には、筆者と、嶋中博章（関西大学）、滝澤聡子（関西学院大学）の三名であたった。昨年春に翻訳作業に着手して以来、筆者と嶋中はフランス史講読会で訳文の検討にあたったが、滝澤はフランス・アンジェ大学留学中のため、メールでのやりとりで対応した。さしあたって、本書の翻訳の分担箇所は、筆者が「序論」「第三部」「結論」、嶋中が「第二部」「付録」、滝澤が「第一部」である。図版の選定をはじめ、地図、系図、索引などの作成では、嶋中の役割が圧倒的に大きい。本書の翻訳に関わる全体的な責任は筆者が負うとして、この間の嶋中、滝澤の情熱的な取り組みには感謝している。なお、主に「コラム」欄の翻訳に際して、参照した邦語文献は以下のとおりである。モリエール（鈴木力衛訳）『モリエール全集』（中央公論社）、ヴォルテール（丸山熊雄訳）『ルイ一四世の世紀』（岩波文庫）、ラ・フォンテーヌ（今野一雄訳）『寓話』（岩波文庫）、マルテーユ（木崎喜代治訳）『ガレー船徒刑囚の回想』（岩波文庫）、ラ・ブリュイエール（関根秀雄訳）『カラクテール』（岩波文庫）、トクヴィル（小山勉訳）『旧体制と大革命』（ちくま学芸文庫）。

本書の出版にあたっては、いつものことながら、昭和堂の鈴木了市さんと松尾有希子さんのご支援があった。本書がこれほどスムーズに刊行されるとは、筆者自身思いもよらなかったが、とくに編集部の松尾さんからは、いろいろと懇切丁寧なアドヴァイスや指示をいただいた。この場を借りて、お二人に厚くお礼を申しあげたい。本書は、ベルセ先生の気概のこもった一冊であるだけに、ニュアンスに富み、含蓄のある先生の文章を正確に翻訳できたか、いささか心もとないかぎりであるが、それはそれとして、この朗報を早速先生にお伝えすることにしよう。

二〇〇八年正月　大阪府茨木市にて

翻訳者を代表して　阿河雄二郎　記す

著者・訳者紹介

イヴ＝マリー・ベルセ（Yves-Marie Bercé）

フランス・ジロンド県生まれ　パリ第4大学名誉教授・国立古文書学校名誉校長　碑文＝文芸アカデミー会員

主要業績

Histoire des croquants, 2 vol., Genève-Paris, Droz, 1974 (1986).

Fête et révolte, Paris, Hachette, 1976. 邦訳（井上幸治監訳）『祭りと叛乱——16–18世紀の民衆意識』新評論、1980年。

Le chaudron et la lancette, Paris, Presses de la Renaissance, 1984. 邦訳（松平誠・小井高志監訳）『鍋とランセット——民間信仰と予防医学』新評論、1988年。

Le roi caché, Paris, Fayard, 1990.

阿河雄二郎（あが・ゆうじろう）

香川県坂出市生まれ　大阪外国語大学名誉教授

主要業績

「ルイ14世時代の《貴族改め》の意味」服部春彦・谷川稔（編）『フランス史からの問い』山川出版社、2000年。

『アンシアン・レジームの国家と社会』（二宮宏之との共編著）山川出版社、2003年。

『幻想のジャンヌ・ダルク』（コレット・ボーヌ著、共訳）昭和堂、2014年。

『海のリテラシー』（田中きく代・金澤周作との共編著）創元社、2016年。

嶋中博章（しまなか・ひろあき）

北海道苫小牧市生まれ　関西大学文学部助教
主要業績
『太陽王時代のメモワール作者たち』吉田書店、2014年。
『GRIHL　文学の使い方をめぐる日仏の対話』（野呂康他との共編著）、吉田書店、2017年。
『フランス王妃列伝』（阿河雄二郎との共編著）、昭和堂、2017年。

滝澤聡子（たきざわ・さとこ）

兵庫県西宮市生まれ　関西学院高等部読書科教諭
主要業績
「15世紀から17世紀におけるフランス貴族の結婚戦略――誘拐婚」『人文論究』（関西学院大学）55-1、2005年。
「近世フランス貴族の家系再生産」『人文論究』62-2、2012年。

❦ 人名索引 ❦

【ア】

アルドゥアン=マンサール Hardouin-Mansart, Jules（1646-1708）　　166
　ルイ14世お気に入りの建築家。1678年頃からヴェルサイユの建設工事を指導。1681年王室筆頭建築家、1689年王室建築監督官。

アンジュー公爵フィリップ Anjou, Philippe de France, duc d'（1683-1746）　　120
　ルイ14世の孫。カルロス2世の遺言により、スペイン王フェリペ5世として即位（在位1700-1746）。

アンヌ・ドートリッシュ Anne d'Autriche（1601-1666）　　iii, 31-2, 34, 39, 68-9, 97
　スペイン王フェリペ3世の王女。1615年にフランス王ルイ13世と結婚。ルイ14世の未成年期、1643年から1651年まで摂政を務める。

アンリ2世 Henri II（1519-1559, 在位1547-1559）　　23, 141
　1559年、スペインとの間にカトー=カンブレジ条約を締結、イタリア戦争を終結させる。この条約によりフランスは、メッス、トゥール、ヴェルダンの3司教領を獲得。

アンリ3世 Henri III（1551-1589, 在位1574-1589）　　12
　ヴァロワ朝最後の王。世継ぎがないまま亡くなったため、王位がブルボン家に移る。

アンリ4世 Henri IV（1553-1610, 在位1589-1610）　　10, 13, 23, 59, 67, 95, 103, 105-6, 141, 147, 157
　ブルボン朝の創始者。ルイ14世の祖父。1598年、ナントの勅令を発布し、特定の都市に限りプロテスタント信仰の自由を認める。

アンリエット・ダングルテール Henriette d'Angleterre（1644-1670）　　13, 35, 45, 71
　英王チャールズ1世の娘。ルイ14世の弟オルレアン公爵フィリップの最初の妃。一時、ルイ14世との恋仲が囁かれる。その突然の死は、毒殺とも言われている。

ヴァンドーム公爵 Vendôme, Louis-Josephe de Bourbon, duc de（1654-1712） 121
アンリ 4 世とその愛人ガブリエル・デストレの曾孫。スペイン継承戦争で活躍。フェリペ 5 世に従いスペインに行く。

ヴィラール Villars, Louis-Hector, duc de（1653-1734） 51, 111
軍人。カミザール戦争鎮圧やマルプラケの戦いで活躍。

ヴィルロワ Villeroi, François de Neufville, duc de（1644-1730） 125
ルイ 14 世と一緒に教育されたことから、王の信頼を得、将校として数々の戦場に立つ。1693 年元帥。スペイン継承戦争では敗戦を重ね、軍職から引くも、顧問会議に列席。ルイ 14 世の死後、幼王ルイ 15 世の養育係を務める。

ヴェルマンドワ伯爵 Vermandois, Louis de Bourbon, comte de（1667-1683） 33, 68
ルイ 14 世とラ・ヴァリエールの息子。

ヴォーバン Vauban, Sébastian Le Prestre de（1633-1707） 5, 145, 147
軍人。軍事技師長として数多くの要塞を設計・修復。

ヴォルテール Voltaire, François-Marie Arouet, dit M. de（1694-1778） 36, 45, 68, 74-5, 138
啓蒙思想を代表する哲学者・歴史家。『ルイ 14 世の世紀』の著者。

ヴォワザン Voisin, Catherine Monvoisin, dite la（v. 1640-1680） 28-9
パリの宝飾商兼占い師。宮廷の有力者を巻き込んだ毒薬事件（1679 年）の主犯格として、グレーヴ広場にて火刑に処される。

ヴォワザン（大法官）Voysin de La Noiraye, Daniel-François（1654-1717） 51, 125
法服貴族。パリ高等法院評定官を皮切りに、訴願審査官、エノー地方長官を歴任。マントノン夫人の庇護を受け、1700 年からサン＝シール校の運営管理を受け持つ。1714 年、大法官に就任。

オイゲン公 Eugène de Savoie, dit le prince（1663-1736） 120
ソワソン伯爵とマザランの姪オランプ・マンシーニの息子。ルイ 14 世に軍職を依頼するも聞き入れてもらえず、神聖ローマ皇帝に仕える。1683 年、ウィーンを包囲するトルコ軍の撃退に活躍。スペイン継承戦争ではフランス軍を敵に奮戦。

オラニエ公ウィレム 3 世 Guillaume III d'Orange（1650-1702, 英王ウィリアム 3 世として在位 1688-1702） 123
1672 年オランダ総督となり、ルイ 14 世のオランダ侵攻を食い止める。1688 年、イギリス議会の要請に応じて、舅の英王ジェームズ 2 世を王位

から追い落とす。

オルレアン公爵ガストン Orléans, Gaston, duc d'（1608-1660）　83
　ルイ14世の叔父。リシュリューやマザランに対する陰謀に加担。フロンドの乱の後、ブロワで余生を送る。

オルレアン公爵フィリップ（王弟） Orléans, Philippe de France, duc d'（1640-1701）　38, 55-6
　ルイ14世の弟。オランダ戦争では指揮官として活躍。二番目の妻プファルツ公女との間に、後の摂政フィリップ・ドルレアンをもうける。

オルレアン公爵フィリップ（摂政） Orléans, Philippe II, duc d'（1674-1723）　27, 51
　ルイ14世の甥。太陽王の死後、1723年まで幼王ルイ15世の摂政を務める。

【カ】

カティナ Catinat, Nicolas de（1637-1712）　119
　法服家系出身の軍人。フランドル継承戦争、オランダ戦争、アウクスブルク同盟戦争で活躍。1693年元帥。

カルロス2世 Carlos II（1661-1700, 在位 1665-1700）　120
　スペイン王。ルイ14世の妃マリー＝テレーズの弟。世継ぎがなかったため、スペインの王位をルイ14世の孫アンジュー公爵フィリップに譲る。

クストゥ兄弟 frères Coustou, Nicolas（1658-1733）et Guillaume（1677-1746）　2
　彫刻家。コワズヴォの甥。ヴェサイユやマルリーの装飾に携わる。

コルネイユ Corneille, Pierre（1606-1684）　38
　劇作家。理性と意志の力で悲運に立ち向かう彼の作品の主人公たちは、17世紀前半、貴族たちを魅了した。

コルベール Colbert, Jean-Baptiste（1619-1683）　5, 44, 92-4, 96, 124, 147, 151, 155
　財務総監。マザランの死後、財政長官フーケ失脚を陰で画策、その後ルイ14世親政政府の中核を担う。

コルベール・ド・クロワシー Croissy, Charles Colbert, marquis de（1625-1696）　147
　ジャン＝バティスト・コルベールの弟。1679年外務卿となり、領土併合政策を推進。

コワズヴォ Coysevox, Antoine（1640-1720）　2
　彫刻家。ル・ブランの下、ヴェルサイユの装飾に携わる。ルイ14世像の他、

数々の肖像彫刻を手がける。

コンデ親王 Condé, Louis II de Bourbon, prince de (1621-1686)　83, 92, 96, 116-7, 124
王族の一員だが、フロンドの乱では反乱派の旗印となり、スペイン領フランドルに亡命。帰国後（1660 年）は、司令官としてフランドル継承戦争とオランダ戦争を指揮。文芸保護者としても知られる。

【サ】

サン＝シモン公爵 Saint-Simon, Louis de Rouvroy, duc de (1675-1755) 15-6, 20, 49, 124, 175
ルイ 14 世の治世末期および摂政期の宮廷の様子を生き生きと描いた『回想録』を残す。

サン＝マール Saint-Mars, Bénigne Dauvergne de (1626-1708)　67
鉄仮面の牢番。ピニュロル要塞総督、サント＝マルグリット諸島総督、バスティーユ牢獄総督を歴任。

ジェームズ 2 世 James II (1633-1701, 在位 1685-1688)　122
イギリス王。チャールズ 2 世の弟、ルイ 14 世の従兄弟。1688 年、娘婿オラニエ公ウィレム 3 世により王位を追われ、フランスに亡命（名誉革命）。ルイ 14 世の支援を受けて王位奪還を試みるが失敗。

シャルル 10 世 Charles X (1757-1836, 在位 1824-1830)　170
ルイ 16 世の弟。兄ルイ 18 世の後を受けて王位に就くが、反動的な政治のため民衆の反感を買い、1830 年七月革命で王位を追われる。

シャミヤール Chamillart, Michel de (1652-1721)　51, 74, 125
パリ高等法院評定官。マントノン夫人の信任厚く、1699 年に財務総監、1701 年には陸軍卿となる。

ジュリュー Jurieu, Pierre (1637-1713)　108
プロテスタントの牧師。1681 年、オランダに移住し、ジャンセニストやボシュエと論争。

ジラルドン Girardon, François (1628-1715)　44
彫刻家。ル・ブランと協力し、ヴェルサイユの庭園の作品を制作。

スカロン Scarron, Paul (1610-1660)　49-50, 58
滑稽物を得意とした作家。フロンドの乱では、宰相マザランを批判するパンフレットを数多く書く。1652 年、後のマントノン夫人となるフランソワーズ・ドービニェと結婚。

スキュデリー嬢 Scydéry, Madeleine de (1607-1701)　100
文学者が集うサロンの主人であり、当時人気の作家でもあった。『アルタメーヌ』『クレリー』など同時代人をモデルとした小説をものする。

セギエ Séguier, Pierre (1588-1672)　101
リシュリューの腹心。1634年から大法官。フーケ裁判を指揮。アカデミー・フランセーズを保護したことでも知られる。

セニュレー Seignelay, Jean-Baptiste Colbert, marquis de (1651-1690)　151
財務総監コルベールの息子。海軍卿として海軍の増強に努める。

セヴィニェ侯爵夫人 Sévigné, Marie de Rabutin-Chantal, marquise de (1626-1696)　100-2
軍人貴族と裕福な平民の娘として生れる。ポンポンヌなどの友人やプロヴァンス地方に暮らす娘と交した厖大な手紙は、「書簡文学」の傑作として名高い。

【タ】

ダルタニャン Artagnan, Charles de Batz, sieur d' (1615-1673)　94
デュマ作『三銃士』でおなじみの、ルイ13世とルイ14世に仕えた軍人貴族。銃士隊隊長。財政長官フーケ逮捕の実行役。マーストリヒト攻囲戦で戦死。

ダンジェ Danger, Eustache (v. 1643-1703)　71
鉄仮面のモデルと考えられる囚人。

ダンジョー侯爵 Dangeau, Philippe de Courcillon, marquis de (1638-1720) 166
メーヌ地方出身の名門貴族。ルイ14世のお気に入りの友人。1684年から1720年までの宮廷の日常を描いた浩瀚な『日誌』を残す。

チャールズ1世 Charles I (1600-1649, 在位 1625-1649)　71
イギリス王。ルイ14世の叔母アンリエット・ド・フランスと結婚。ピューリタン革命により処刑。

チャールズ2世 Charles II (1630-1685, 在位 1660-1685)　71
チャールズ1世の息子。ルイ14世の従兄弟。ピューリタン革命でフランスに亡命。1660年に帰国し王政復古を実現。

デュカス Ducasse, Jean-Baptiste (1646-1715)　121
海賊の首領から海軍総司令官に。アウクスブルク同盟戦争ではアフリカやアメリカのオランダ植民地を攻撃、戦果を挙げる。

デュゲ＝トゥルアン Duguay-Trouin, René Tourin, dit (1673-1736)　121
私掠船船長。アウクスブルク同盟戦争・スペイン継承戦争で、数多くのイ

ギリス船・オランダ船を拿捕。1709 年、貴族に叙せられる。

デュボワ Du Bois, Marie（1601-1679）　18
1634 年から 1671 年まで、ルイ 13 世とルイ 14 世、ふたりの王に部屋付き侍従として仕える。名前の由来は、幼児を次々に亡くした父親が、子どもを授けてくれたら男でも女でもマリーと名づけると、聖母マリア（フランス語ではマリー）に祈ったことによる。

テュレンヌ Turenne, Henri de La Tour d'Auvergne, vicomte de（1611-1675）116-7, 124
フランス史上もっとも有名な軍人のひとり。1675 年、ライン方面で神聖ローマ皇帝軍と交戦中に被弾し、戦死。

トゥルーズ伯爵 Toulouse, Louis-Alexandre de Bourbon, comte de（1678-1737）27, 34
ルイ 14 世とモンテスパン侯爵夫人の息子。海軍提督の他、ギュイエンヌやブルターニュの総督を歴任。

トクヴィル　Tocqueville, Charles Aléxis Clérel de (1805-1859)　161-2
政治家で歴史家。二月革命期に外相となるが、ルイ＝ナポレオンのクーデタで引退。『アメリカの民主政治』『アンシアン・レジームと大革命』などの著作がある。

ドービニェ Aubigné, Agrippa d'（1552-1630）　49
プロテスタントの軍人・詩人。アンリ・ド・ナヴァール（後のアンリ 4 世）に仕え宗教戦争に参加。戦乱の合間にプロテスタントの受難を歌った『悲愴曲』などを綴る。ルイ 14 世の愛人マントノン夫人の祖父。

ドラ＝キュビエール Dorat-Cubières, Michel de Cubières-Palmézeaux, dit（1752-1820）　69
作家。ルイ 14 世双子説の創案者。

ドルベー D' Orbay, François（1634-1697）　165
建築家。ル・ヴォーの下で、ヴェルサイユ、ヴァンセンヌ、ルーヴルといった王城の設計に携わる。ル・ヴォーの死後、彼の仕事を引き継ぐが、アルドゥアン＝マンサールが頭角を現すに従い、主導権を譲った。

ドルメッソン Ormesson, Olivier Lefèvre d'（1616-1686）　99, 102
フーケ裁判の報告官。被告の死刑に公然と反対したため、公職を追われる。

【ハ】

パスカル Pascal, Blaise（1623-1662）　79
数学者・物理学者・哲学者。1654 年の神秘体験を機に、ポール＝ロワイ

ヤルの隠士たちと親交を結び、ジャンセニスムを擁護するためイエズス会と論争。

フィリップ・ドルレアン Philippe d'Orléans　　27, 51
オルレアン公爵フィリップ（摂政）を参照。

フェヌロン Fénelon, François de Salignac de La Mothe (1651-1715)　　5, 44
聖職者。ルイ14世の孫ブルゴーニュ公爵の家庭教師を務め、その教材として書いた『テレマックの冒険』（1699年）でルイ14世の政治を批判。

フォンタンジュ Fontanges, Marie-Angélique de Scorailles de (1661-1681)
26-7, 35-6
二人目の王弟妃プファルツ公女の侍女からルイ14世の愛人になる。

フーケ Fouquet, Nicolas (1615-1680)　　5, 67, 91-102
宰相マザランの腹心。フロンドの乱時代の功績が認められて、1653年に財政長官に任命される。1661年、公金横領の廉で失脚。

プファルツ公女 Palatine, Elisabeth-Charlotte de Bavière, duchesse d'Orléans, dite Madame (1652-1722)　　52, 54-5
プファルツ選帝侯カール＝ルートヴィヒの娘。1671年、ルイ14世の弟、オルレアン公爵フィリップの2番目の妻としてフランスの宮廷に入る。友人や親族と交した9万通もの書簡を残す。

フランソワ1世 François 1er (1494-1547, 在位 1515-1547)　　23
外政ではハプスブルク家との戦争が続いたが、文化面ではイタリアの文化を積極的に導入し、シャンボール城やフォンテーヌブロー城などイタリア様式の優美な城館の建設・改築をおこなった。レオナルド・ダ・ヴィンチを招聘したことでも知られる。

プリミ・ヴィスコンティ Primi Visconti, Jean-Baptiste (1648-1713)　　9
ピエモンテ地方とロンバルディア地方の境界地域に生まれ、1673年から10年間フランスに滞在、ルイ14世の宮廷に出入りし、回想録を残す。一旦帰郷した後、フランスに戻り、帰化。

ブロワ嬢（初代） Blois, Marie-Anne de Bourbon, mademoiselle de (1666-1739)
33
ルイ14世とラ・ヴァリエールの娘。1680年、王族のコンティ親王ルイ＝アルマンと結婚。

ブロワ嬢（2代目） Blois II, Françoise-Marie de Bourbon, mademoiselle de (1677-1749)　　27, 34
ルイ14世とモンテスパン侯爵夫人の娘。1692年、後に摂政となるフィリップ・ドルレアンと結婚。

ペリッソン Pellisson-Fontanier, Paul (1624-1693)　44
作家。財政長官フーケの失脚に連座し、4 年間バスティーユに投獄。友人たちの懇願により釈放、1670 年にはルイ 14 世の修史官となる。

ペレフィクス Péréfixe, Hardouin de Beaumon de (1605-1671)　18
神学博士。1642 年、リシュリューにより王太子（後のルイ 14 世）の教育係に任じられる。帝王学の教材として『アンリ大王伝』(1660 年）を執筆・刊行。1664 年からはパリ大司教。

ペロー Perrault, Charles (1628-1703)　44
詩人。プティット・アカデミーの書記として、コルベールの下で国家の芸術政策に関与。

ボシュエ Bossuet, Jacques-Bénigne (1627-1704)　44, 153
カトリックの聖職者・神学者。追悼演説で名高い。1670 年から 10 年間、王太子の教育を担当。1681 年、パリ東部の町モーの司教となり、司牧活動・宗教論争を積極的におこなう。

ボーフォール公爵 Beaufourt, François de Bourbon-Vendôme, duc de (1616-1669) 68
アンリ 4 世とその愛人ガブリエル・デストレの孫。フロンドの乱では反マザラン派の急先鋒。ルイ 14 世親政期には海軍総司令官として国王に仕える。1669 年、クレタ島でトルコ軍を攻撃した際、行方不明に。

ボワロー Boileau, Nicolas (1636-1711)　2, 44
批評家。古典主義文学の理論を集大成する。モリエールやラシーヌなどと親交を結ぶ。

ポンシャルトラン Pontchartrain, Louis de Phélypeaux, comte de (1643-1727) 133
旧体制を通じてもっとも有力な法服貴族家系に属す。1689 年に財務総監に就任、1695 年カピタシオンを全臣民に課す。1699 年から 1714 年まで大法官。

ボンタン Bontemps, Alexendre (1626-1701)　27
ルイ 14 世の部屋付き侍従筆頭。ルイ 14 世の信任厚く、王の私生活をすべて知っていたと言われる。ヴェルサイユの狩猟隊長なども務める。

ポンポンヌ Pomponne, Simon Arnauld, marquis de (1618-1699)　91, 102
熱心なジャンセニスム信者を多数輩出したことで有名なアルノー家の一員。財政長官フーケと親しく、彼の失脚に伴いヴェルダンへ亡命。1665 年宮廷に復帰。以後、スウェーデン大使などを歴任。1671 年からは外務卿。

【マ】

マザラン Mazarin, Gulio Mazarini, cardinal Jules（1602-1661）　　69, 83-4, 92-3, 95-8
　イタリア出身の政治家。1642 年、リシュリューの後継者として宰相となる。

マッティオーリ Mattioli, Ercole Antonio Maria（1640-1694）　　70
　ピニュロルとサント＝マルグリットの牢獄の囚人。鉄仮面の目撃者。

マリー＝テレーズ Marie-Thérèse d'Autriche（1638-1683）　　11, 13, 25, 33-5, 47
　フランス王妃。スペイン王フェリペ 4 世の娘。1660 年、フランスとスペインの平和を確固たるものとするため、ルイ 14 世と政略結婚。

マリヤック Marillac, Michel de（1563-1632）　　83
　ルイ 13 世の母后マリー・ド・メディシス腹心の法官。国璽尚書。1630 年、母后による反リシュリューの陰謀に連座し失脚。

マルテーユ Marteilhe, Jean（1684-1777）　　114
　ベルジュラックのブルジョワ家庭に生れる。1700 年竜騎兵の迫害を避け故郷を脱出、1701 年捕らえられ、ガレー船徒刑に処せられる。1713 年、英アン女王の介入で釈放され、オランダに移住。

マンシーニ, オランプ Mancini, Olympe（1639-1708）　　35
　宰相マザランの姪。ルイ 14 世の恋人。ソワソン伯爵と結婚、後の名将オイゲン公をもうける。毒薬事件に連座して亡命。

マンシーニ, マリー Mancini, Marie（1640-1715）　　34-5
　マザランの姪、オランプ・マンシーニの妹。ルイ 14 世がもっとも愛した女性とされる。マザランによって王との仲を引き裂かれ、コロンナ元帥と結婚。のちにヨーロッパ各地を旅行する。

マントノン侯爵夫人 Maintenon, Françoise d'Aubigné, marquise de（1635-1719）　5, 26, 34, 36, 47-9, 51, 53-57
　ルイ 14 世とモンテスパン侯爵夫人の子どもの養育係。その後、王の愛人となり、1683 年に結婚したと言われる。

ミニャール Mignard, Pierre（1612-1695）　　2
　画家、室内装飾家、デッサン画家。ラ・ヴァリエール、セヴィニェ夫人、コルベールなどの肖像で有名。

ムラトーリ Muratori, Ludovico-Antonio（1672-1750）　　70
　イタリアの歴史家で文学者。イタリア史の史料集刊行に努める。

メルラン・ド・ドゥエ Merlin de Douai, Philippe Antoine Merlin, dit (1754-1838) 154
1789年の全国三部会の第三身分代表。1792年国民公会議員。国王処刑に賛成票を投じる。

メーヌ公爵 Maine, Louis-Auguste de Bourbon, duc du (1670-1736)　27, 33
ルイ14世とモンテスパン侯爵夫人の子ども。マントノン夫人によって養育される。砲兵隊司令官を務める。

モリエール Molière, Jean-Baptiste Poquelin, dit (1622-1673)　2, 37-46, 156
喜劇作家・役者。ルイ14世が催した祝宴のために数々の喜劇やコメディ・バレエの台本を書く。

モールバラ公爵 Marlborough, John Churchill, duc de (1650-1722)　120
イギリスの軍人・政治家。英王ジェームズ2世の重臣だったが、名誉革命に際してはオラニエ公を支持。スペイン継承戦争では英蘭同盟軍総司令官。

モンテスパン侯爵 Montespan, Louis-Henri de Perdaillan de Gondrin, marquis de (1640-1701)　26, 28
妻を愛人としたことに対し、ルイ14世に直接不満を述べたため投獄、その後領地への隠棲を命じられる。夫人が修道院に入ってからは、再び宮廷に顔を出すようになったと伝えられる。

モンテスパン侯爵夫人 Montespan, Françoise-Athénaïs de Rochechouart, marquise de (1641-1707)　26-30, 33-6, 47, 50-1, 167
王妃マリー＝テレーズの侍女からルイ14世の愛人となる。「ヴォワザン事件」(1679年) 以降、徐々に寵愛を失い、1691年に宮廷を去る。

【ラ】

ラ・ヴァリエール La Vallière, Louise-Françoise de La Baume Le Blanc de (1644-1710) 25-6, 33-5, 45
王弟妃アンリエット・ダングルテールの侍女、ルイ14世の愛人となる。1674年、宮廷から去り、カルメル会修道院に隠棲。

ラヴィス Lavisse, Ernest (1842-1922)　5, 149-50, 163-4
共和派の歴史家。『フランス史』(1900-1911) の編集責任者。

ラコスト Lacoste　103
オランダに亡命したプロテスタント信者。

ラ・サル La Salle, Jean-Baptiste de (1651-1719)　59, 64
聖職者。パリやランスなどにキリスト教学校兄弟団を設立。

ラ・シェーズ神父 La Chaise, François d'Aix, père de (1624-1709) **57**
 イエズス会士。ルイ14世の聴罪司祭。ナントの勅令廃止の首謀者のひとりとされるが、確証はない。現パリ市内の有名な墓地ペール＝ラシェーズは、彼の名にちなんでいる。

ラシーヌ Racine, Jean (1639-1699) **2, 37, 44**
 古典主義を代表する劇作家。古代ギリシア演劇を題材に、人間の情念がもたらす悲劇を描いた『フェードル』『アンドロマック』などを著す。

ラ・フォルス公爵アンリ＝ジャック La Force, Henri-Jacques de Caumon, duc de (1675-1726) **113**
 マルテーユの回想録に登場するプロテスタントの迫害者。

ラ・フォルス公爵ジャック＝ノンパール La Force, Jacques-Nompar de Caumon, duc de (1632-1699) **113**
 代々熱烈なプロテスタント信仰で知られるラ・フォルス公爵家の4代目。ナントの勅令廃止を機に、カトリックに改宗。

ラ・フォンテーヌ La Fontaine, Jean de (1621-1695) **90**
 詩人。財政長官フーケの保護を受ける。「せみとあり」「都会のねずみと田舎のねずみ」などの『寓話』の作者。

ラ・ブリュイエール La Bruyère, Jean de (1645-1696) **129, 136**
 ブルジョワ出身のモラリスト。コンデ親王家に仕え、そこでの人間観察をもとに、簡潔明快な人物描写と辛辣な貴族批判で知られる『カラクテール』を著す。

ラルース Larousse, Pierre (1817-1875) **124-5, 170**
 教育論者・出版者。1852年出版社を設立。数多くの執筆陣を集め『汎用大事典』を刊行 (1864-1876)。

リゴー Rigaud, Hyacinthe (1659-1743) **2**
 肖像画家。成聖式の衣装を身にまとったルイ14世の肖像 (1701年) は、太陽王を描いたもっとも有名な作品のひとつ。

リシュリュー Richelieu, Armand-Jean du Plessis, cardinal de (1585-1642) **68, 92-3, 95**
 ルイ13世の宰相。王権の強化に努め、プロテスタントや大貴族の勢力を削減。外政面ではハプスブルク家に対抗して三十年戦争に介入、アルトワ地方のアラスやルシヨン地方などを占領する。フランス絶対王政確立の功労者とされる。

リュクサンブール公爵 Luxembourg, François-Henri de Montmorency-Bouteville, duc de（1628-1695）　119
コンデ親王と親交を結び、彼の指揮下で数々の戦闘に参加。オランダ戦争での活躍により元帥。ヴォワザン事件に関与し一時投獄。アウクスブルク同盟戦争では、フランス軍の中核を担う。

リュリ Lully, Giovannni Battista Lulli, Jean-Baptiste（1632-1687）　41, 45
イタリア出身の音楽家。1661 年、王室音楽長官。ヴェルサイユの祝祭音楽・オペラ・宗教音楽を多数作曲。モリエールと協働しコメディ・バレエの成立に貢献。

ルイ（王太子）Louis de France, Dauphin（1661-1711）　13 33
ルイ 14 世と王妃マリー＝テレーズの王子。天然痘を患い死去。

ルイ 13 世 Louis XIII（1601-1643, 在位 1610-1643）　iii, 13, 18, 32, 68, 81, 106, 141, 154, 165, 176
ルイ 14 世の父。宰相リシュリューとともに王権強化およびヨーロッパでの覇権獲得を図る。

ルイ 15 世 Louis XV（1710-1774, 在位 1715-1774）　70, 115, 148, 154, 170
ルイ 14 世の曾孫。

ルイ 16 世 Louis XVI（1754-1793, 在位 1774-1792）　72, 170
ルイ 15 世の孫。

ルイ 18 世 Louis XVIII（1755-1824, 在位 1814-1824）　170
ルイ 16 世の弟。王政復古により王位に就く。

ルイ＝フィリップ Louis-Philippe（1773-1850, 在位 1830-1848）　170-1
ルイ 14 世の弟オルレアン公爵フィリップの子孫。1830 年の七月革命で王位に就く。1848 年の二月革命で廃位され、イギリスに亡命。

ル・ヴォー Le Vau, Louis（1612-1670）　165
古典主義様式を代表する建築家。ヴェルサイユ宮殿造営の初期段階における設計責任者。他に、ヴァンセンヌやルーヴルの改修にも携わる。

ルーヴォワ Louvois, François-Michel Le Tellier, marquis de（1641-1691）　155
陸軍卿として軍制改革を敢行。官僚による軍隊統制策、民兵隊や軍事学校の創設をおこなう。

ル・ノートル Le Nôtre, André（1613-1700）　2, 44, 165
造園家。ヴェルサイユの他、ヴォー＝ル＝ヴィコントなど数々の城館の庭園を手がける。

ル・ブラン Le Brun, Charles（1619-1690）　　2, 44, 166
　画家、室内装飾家。鏡の間の天井画など、ヴェルサイユの室内装飾を担当。

レオポルト 1 世 Leopld I（1640-1705, **在位** 1658-1705）　　**123**
　神聖ローマ皇帝。その治世は、ルイ 14 世のフランスとの戦争の他、トルコの侵入やハンガリー貴族反乱など、困難の連続だった。芸術・学芸の保護者としても名高い。

真実のルイ14世——神話から歴史へ

2008年4月25日　初版第1刷発行
2017年9月30日　初版第3刷発行

著　者　イヴ=マリー・ベルセ
訳　者　阿河雄二郎
　　　　嶋中博章
　　　　滝澤聡子

発行者　杉田啓三

〒606-8224　京都市左京区北白川京大農学部前
発行所　株式会社　昭和堂
振替口座　01060-5-9347
TEL（075）706-8818　FAX（075）706-8878

印刷　亜細亜印刷

ISBN 978-4-8122-0801-4

幻想のジャンヌ・ダルク
――中世の想像力と社会

コレット・ボーヌ 著／阿河雄二郎・北原ルミほか 訳

乙女、預言者、騎士……さまざまに偶像視されたジャンヌを、当時の史料、知人の証言、彼女にまつわる超自然的な伝説等から分析、再構築する。**本体六〇〇〇円**

フランス王妃列伝
――アンヌ・ド・ブルターニュからマリー＝アントワネットまで

阿河雄二郎・嶋中博章 編

王妃の生涯、役割、王妃と政治――最新の研究成果をもとに、日・仏の歴史家がフランス王妃の姿をドラマティックかつリアルに描き出す。**本体二八〇〇円**

ヘンリ8世の迷宮
――イギリスのルネサンス君主

指 昭博 編

「青ひげ」のモデルとなったヘンリ8世はいかなる王だったか？　暴君あるいはルネサンス君主――ヘンリ8世という名の迷宮にようこそ。**本体二六〇〇円**

戦うことと裁くこと
――中世フランスの紛争・権力・心理

轟木広太郎 著

人類は紛争をどう解決してきたのか。中世社会史の視点から、紛争や和解の過程を明らかにし、「下から」の中世像を描き出す。**本体六〇〇〇円**

昭和堂〈価格税抜〉
http://www.showado-kyoto.jp